Sven Korthaase

W0319038

Verblüffende Experimente
Naturwissenschaften

Lehrplanthemen
effektvoll inszenieren

Auer Verlag

Gedruckt auf umweltbewusst gefertigtem, chlorfrei gebleichtem
und alterungsbeständigem Papier.

1. Auflage 2012
Nach den seit 2006 amtlich gültigen Regelungen der Rechtschreibung
© Auer Verlag
AAP Lehrerfachverlage GmbH, Donauwörth
Alle Rechte vorbehalten
Das Werk und seine Teile sind urheberrechtlich geschützt. Jede Nutzung in anderen als den gesetzlich zugelassenen Fällen bedarf der vorherigen schriftlichen Einwilligung des Verlages.
Hinweis zu § 52 a UrhG: Weder das Werk noch seine Teile dürfen ohne eine solche Einwilligung eingescannt und in ein Netzwerk eingestellt werden. Dies gilt auch für Intranets von Schulen und sonstigen Bildungseinrichtungen.
Illustrationen: Steffen Jähde; Björn Okesson
Fotos: Sven Korthaase
Satz: krauß-verlagsservice, Augsburg
Druck und Bindung: Franz X. Stückle Druck und Verlag, Ettenheim
ISBN 978-3-403-**06893**-8

www.auer-verlag.de

Gewidmet

meinen lieben Freunden

Annett & Dirk Böckmann

Inhalt

Versuche aus dem Bereich der Biologie

> ***„Der einzige Test auf die Richtigkeit einer Idee ist das Experiment."***
>
> Richard Feynman
> (15. Mai 1918 – 15. Febr. 1988)
> amerikanischer Physiker
> und Nobelpreisträger

Diesen Ausspruch des bekannten amerikanischen Physikers möchte ich aufgreifen, um Sie zu ermutigen, verblüffende und erstaunliche Experimente im Unterricht zu nutzen. Sie sollen jedoch nicht nur Ideen und Erkenntnisse bestätigen. Nein, die Versuche sollen auch dazu dienen, die Schüler/-innen, ihr Publikum, zu motivieren, sich intensiver mit der Materie der Naturwissenschaften auseinanderzusetzen. So sollen die ausgewählten Experimente und Versuche nicht nur Erkenntnisse überprüfen, sondern auch motivieren, sich neue Erkenntnisse anzueignen. Ein geschickt eingesetzter erstaunlicher Versuch fordert ungemein die Motivation eines jeden Betrachters, so auch die der Schülerinnen und Schüler. Und was kann man sich mehr wünschen als einen motiviert Lernenden.

Achten Sie jedoch immer darauf, dass ein gesundes Maß an erstaunlichen Experimenten im Unterricht zum Einsatz kommt. Zu oft eingesetzt, werden diese zur „Normalität" und das Erstaunen wird zur Pflicht, das Experiment verliert an seiner Wirkung und die Motivation kann verloren gehen. Auch erstaunliche Experimente und Versuche sollten immer dem Alter der Schüler/-innen entsprechend wissenschaftlich betrachtet, untersucht und ausgewertet werden. Denn es geht schließlich immer darum, einen naturwissenschaftlichen Sachverhalt zu veranschaulichen oder aber ein Gesetz zu bestätigen oder herauszufinden.

Das Experiment sollte also immer einen hohen Stellenwert in der Gestaltung des naturwissenschaftlichen Unterrichtes einnehmen. Darüber hinaus darf jedoch nie, wie es leider allzu oft der Fall ist, die quantitative Beschreibung dieser Sachverhalte und Gesetze vergessen werden. Die mathematische Beschreibung solcher Sachverhalte und Gesetze sollte einen genauso festen Platz wie das Experiment in jeder naturwissenschaftlichen Unterrichtsstunde haben. Schon Galileo Galilei sagte: *„Das Buch der Natur ist in mathematischer Schrift geschrieben."* (Galileo Galilei 1564–1642)

Viele pädagogische Ansätze gehen von der Erfahrungswelt der Schüler aus. Es werden vermeintlich schülerorientierte Themen konstruiert, und darum ranken sich dann die naturwissenschaftlichen Betrachtungen. Gut, das mag ein Ansatz sein.

Die Erfahrungen der Schüler/-innen mit in den Unterricht einzubeziehen, ist ganz unbestritten sinnvoll und motivierend. Diese jedoch in den Mittelpunkt zu stellen, halte ich für bedenklich. Oft gehen dadurch die so wunderbar logisch aufeinander aufgebauten Inhalte und Verknüpfungen der einzelnen naturwissenschaftlichen Themen verloren. Des Weiteren muss jedem Naturwissenschaftler klar sein, dass die Sinne des Menschen und damit seine Erfahrungen oft getäuscht werden. Die Naturwissenschaften lassen sich nicht mit dem Erfahrungsalltag eines Schülers ausnahmslos beschreiben. Anliegen sollte doch auch vielmehr sein, die Schüler und Schülerinnen dahingehend zu sensibilisieren, dass gerade unsere Erfahrungen uns täuschen, dass viele naturwissenschaftliche Sachverhalte und Gesetzmäßigkeiten nicht über unsere alltägliche Erfahrung beschreibbar sind. Hierzu bedarf es naturwissenschaftlicher Methoden, die dem Schüler/der Schülerin unbedingt beigebracht werden müssen, da diese nicht in unserem Alltag vorkommen. Nur so wird es möglich sein, auch weiter das Interesse eines jeden Schülers und einer jeden Schülerin zu wecken und zu forcieren.

Ich wünsche Ihnen nun viel Spaß beim Studieren der beschriebenen verblüffenden Experimente und hoffe, dass Ihnen der eine oder andere Versuch gefällt und er Ihnen von Nutzen in Ihrem Unterricht sein wird.

Sven Korthaase

Einleitung

Liebe Leserin, lieber Leser!

In dieser Einleitung möchte ich Ihnen einen kurzen Überblick über den Aufbau dieses Buches verschaffen.

Wie der Titel schon verrät, geht es um naturwissenschaftliche Versuche und Experimente, die zu einem verblüffenden oder erstaunlichen Ergebnis führen. Ich habe hier insgesamt 24 Experimente, jeweils 8 Versuche aus den Gebieten der Physik, der Chemie und der Biologie, für Sie zusammengestellt.

Neben einer detaillierte Beschreibung und Erklärung der einzelnen Versuche und Experimente finden Sie auch etliche kopierfähige Arbeitsblätter zu ausgewählten Versuchen. Diese können von den Schüler(inne)n bearbeitet werden, egal ob Schüler- oder Demonstrationsexperiment. Im Inhaltsverzeichnis sind diese Experimente jeweils ausgewiesen. Die Lösungen zu den Arbeitsblättern sind im hinteren Teil des Buches zusammengestellt.

Ebenfalls befindet sich dort eine allgemein gehaltene Kopiervorlage für ein mögliches Versuchsprotokoll. Dieses kann jederzeit eingesetzt werden.

Wichtige Hinweise

Ich möchte Sie ausdrücklich darauf hinweisen, dass Sie alle Versuche und Experimente unter der Einhaltung der bestehenden Sicherheitsbestimmungen durchführen müssen.

Es empfiehlt sich ohnehin, sämtliche Versuche vor der Vorführung gründlich zu studieren, mögliche Gefahrenquellen ausfindig zu machen und auszuprobieren.

- **Überprüfen Sie unbedingt vor dem Einsatz eines Experimentes, ob Sie dieses als Schüler- bzw. Demonstrationsexperiment einsetzen dürfen.**
- **Alle beschriebenen Versuche und Experimente wurden mit größter Sorgfalt erarbeitet und zusammengestellt. Ebenso wurden mit größter Sorgfalt die Versuchsprotokolle erarbeitet. Bei der Erstellung der Chemikalienliste nebst Gefahren- und Sicherheitshinweisen wurde ebenfalls allergrößte Sorgfalt angewandt.**
- **Dennoch übernehmen weder der Autor noch der Verlag die Haftung für die Richtigkeit der Angaben bzw. Beschreibungen.**
- **Die Durchführung der Versuche und Experimente erfolgt demnach auf eigene Gefahr! Sowohl der Autor als auch der Verlag übernehmen keinerlei Haftung!**

1 Die glühende Gurke

Physik – Elektrizitätslehre Chemie – Flammenfärbung	Einfach
Die Schüler/-innen sollen lernen, dass wässrige Lösungen den elektrischen Strom leiten und dass bestimmte Stoffe in bestimmten Farben leuchten.	Wenige Minuten

Eine Essiggurke, die zwischen zwei Stativstäben befestigt ist, leuchtet gelblich.

Geräte und Hilfsmittel
- 2 Tonnenfüße mit Isolationsstativstäben
- 2 Nägel (etwa 7 cm lang)
- 1 Essiggurke
- Sicherheitssteckdose mit Schalter sowie 2 Kabel

Durchführung
Die beiden Isolierstativstäbe werden in den Tonnenfüßen befestigt. Jeweils ein Nagel wird oben an den Isolierstativstäben festgeschraubt. Auf die so befestigten Nägel spießen Sie die Gurke auf, die sich damit zwischen den beiden Isolierstativstäben befindet (Abbildung 1). An diese Vorrichtung schließen Sie die beiden Kabel so an, dass an jedem Isolierstativstab ein Kabel angeklemmt wird. Diese beiden Kabel schließen Sie dann an die Sicherheitssteckdose mit Schalter an. Diese wird mit dem normalen Stromnetz (230 V ~) verbunden (Abbildung 2).

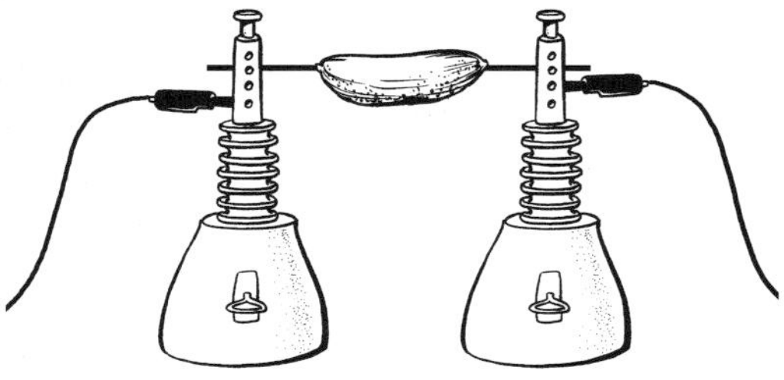
Abbildung 1

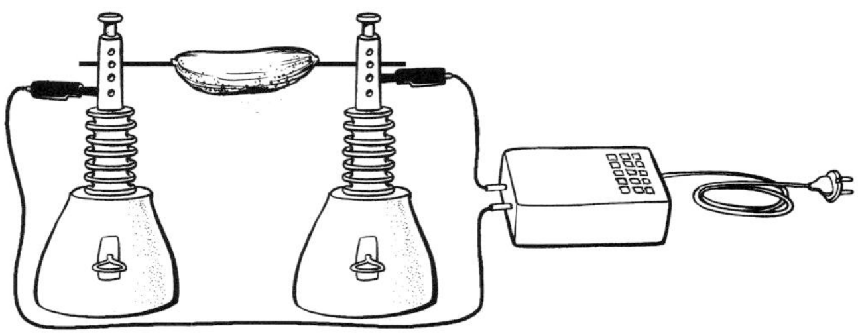
Abbildung 2

Haben Sie die Anordnung so weit aufgebaut, müssen Sie noch einige Sicherheitshinweise beachten. Sie sollten das Experiment unbedingt hinter einer Schutzscheibe vorführen und während des Versuches eine Schutzbrille tragen. Auf gar keinen Fall darf während des Versuches eines der blanken, metallischen Teile berührt werden. Es wird mit 230 V Wechselspannung gearbeitet – somit ist absolute Vorsicht geboten.

Der Versuch wird dann mittels des Schalters an der Sicherheitssteckdose in Gang gesetzt. Kurze Zeit darauf leuchtet das Innere der Essiggurke gelblich auf. Das Foto in der Abbildung 3 zeigt Ihnen die leuchtende Gurke während des Experimentes.

Abbildung 3

Erklärung
In der Gurke befindet sich eine wässrige Metallsalzlösung, die den elektrischen Strom leitet. Diese Natriumchlorid-Ionen stehen als freie Ladungsträger zur Verfügung und leiten den elektrischen Strom. Da der elektrische Strom recht stark ist, werden diese Ionen angeregt, und es entsteht das gelbe Leuchten.

Sven Korthaase: Verblüffende Experimente Naturwissenschaften
© Auer Verlag – AAP Lehrerfachverlag GmbH, Donauwörth

2 Der glühende Bleistift

Physik – Elektrizitätslehre – elektrischer Widerstand

Mittelschwer

Die Schüler/-innen sollen den Versuch mithilfe ihres Wissens über das Zustandekommen des elektrischen Widerstandes erklären können; sie lernen ein Beispiel für die Wärmewirkung des elektrischen Stromes kennen und erkennen dessen Gefährlichkeit auch als Brandauslöser.

Wenige Minuten

Durch einen Bleistift wird ein elektrischer Strom geleitet, und der Bleistift entzündet sich.

Geräte und Hilfsmittel

- 2 Isolierstativstäbe mit Tonnenfüßen, Kabel
- 1 Bleistift
- feuerfeste Unterlage

ca. 12–18 V

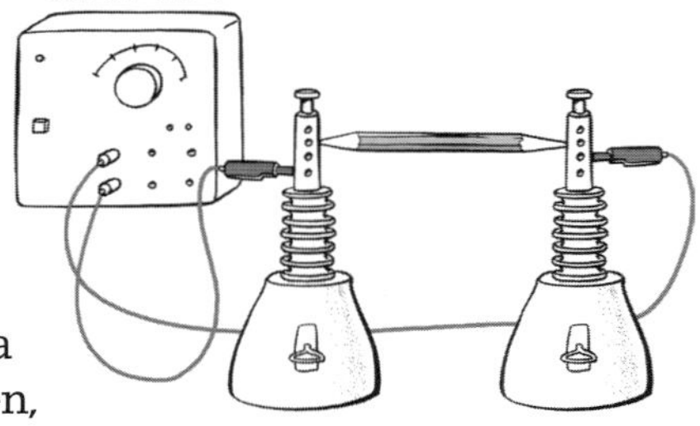

Abbildung 1

Durchführung

Spitzen Sie den Bleistift von beiden Seiten an! Er sollte etwa eine Länge von 15 cm haben und keine Lackierung aufweisen, sondern nur aus Holz bestehen. Das verhindert, dass beim Abbrennen durch die Lackierung eventuell schädlich Gase entstehen. Den Bleistift spannen Sie zwischen die beiden Isolierstäbe und legen eine Gleichspannung von etwa 12–18 V an (Abbildung 1). Die Höhe der benötigten Spannung hängt vom Widerstand der Bleistiftmine ab und muss ausgetestet werden.
Legen Sie zuerst etwa 12 V an und warten ca. 10–20 s ab. Sollte nichts passieren, regeln Sie die Spannung wie soeben beschrieben sukzessive höher. Fängt der Bleistift an zu rauchen, haben Sie die richtige Spannungshöhe angelegt; warten Sie dann einfach 1–2 Minuten. Der Bleistift wird immer stärker anfangen zu qualmen (Abbildung 2), bis plötzlich eine kleine Stichflamme aus dem Bleistift hervorschießt. Kurze Zeit später wird das brennende Holz des Bleistiftes herabfallen. Deshalb ist es unbedingt notwendig, den Versuch auf einer feuerfesten Unterlage durchzuführen. Ist das Holz abgefallen, wird noch eine glühende Mine zwischen den Isolierstativstäben zurückbleiben (Abbildung 3).

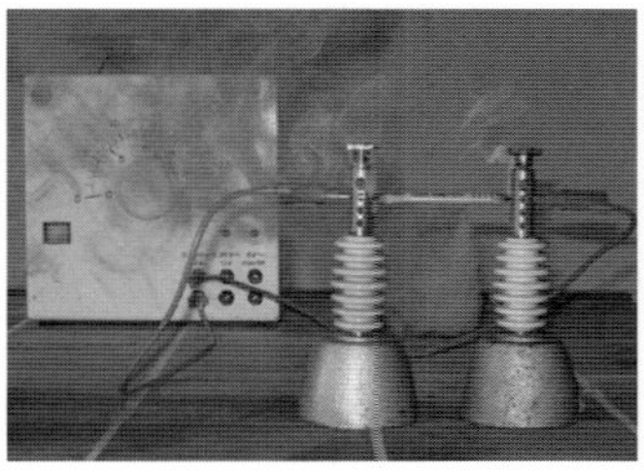

Abbildung 2

Abbildung 3

Erklärung

Es handelt sich hier um eine Kurzschlussschaltung. Das bedeutet, dass der Strom, der hier fließt, relativ stark ist. Die fließenden Elektronen stoßen gegen die Gitterbausteine des Grafits. Das hat zur Folge, dass sich diese Gitterbausteine immer stärker bewegen. Es erhöht sich zum einen der Widerstand des Grafits, da die Elektronen nicht mehr so gut durch die sich immer stärker bewegenden Gitterbausteine kommen, und zum anderen erhöht sich die Temperatur (Bewegung der Teilchen charakterisiert die Höhe der Temperatur – je schneller die Bewegung, desto höher die Temperatur) des Grafits. Diese Temperatur wird so hoch, dass die Grafitmine zu glühen anfängt und das Holz des Bleistiftes entzündet.
Achtung! Führen Sie das Kunststück unter einem Rauchabzug oder im Freien durch, da der Bleistift vor der Entzündung sehr stark zu qualmen anfängt!

Sven Korthaase: Verblüffende Experimente Naturwissenschaften
© Auer Verlag – AAP Lehrerfachverlage GmbH, Donauwörth

Arbeitsblatt 2

Der glühende Bleistift

Diesen Versuch kannst du nur im Freien oder unter einem Rauchabzug durchführen!

Aufgabe

Erkläre das Glühen der Bleistiftmine.

Du brauchst:

- Holzbleistift
- 2 Isolierfüße
- Stativmaterial
- 2 Kabel
- Stromquelle (ca. 12–18 V)

Versuchsaufbau

ca. 12–18 V

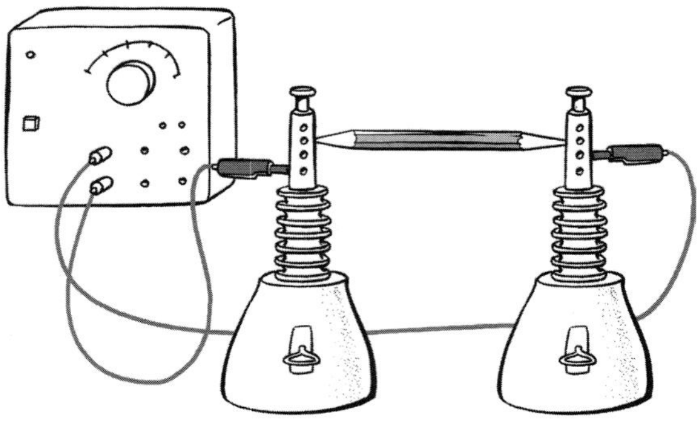

Durchführung

1. Baue die Schaltung mit den gegebenen Geräten und Hilfsmitteln unter einem Rauchabzug auf. Stelle den Versuchsaufbau auf eine feuerfeste Unterlage.
2. Lege etwa 12 V Gleichspannung an die Schaltung an.
3. Beobachte den Versuchsverlauf und notiere deine Beobachtungen.
4. Erkläre das Ergebnis des Versuches.

Beobachtung

____

Auswertung

____

Sven Korthaase: Verblüffende Experimente Naturwissenschaften
© Auer Verlag – AAP Lehrerfachverlage GmbH, Donauwörth

3 Die Zauberröhre

Physik – Elektrizitätslehre – Induktion – Lenz'sches Gesetz

Einfach

Die Schüler können den Versuch mithilfe ihres Wissens über die elektromagnetische Induktion und des Lenz'schen Gesetzes erklären.

Wenige Minuten

Zwei in Form und Masse völlig identische Körper werden durch eine Kupferröhre fallen gelassen. Dabei benötigt einer der beiden Körper erheblich mehr Zeit zum Hindurchfallen als der andere.

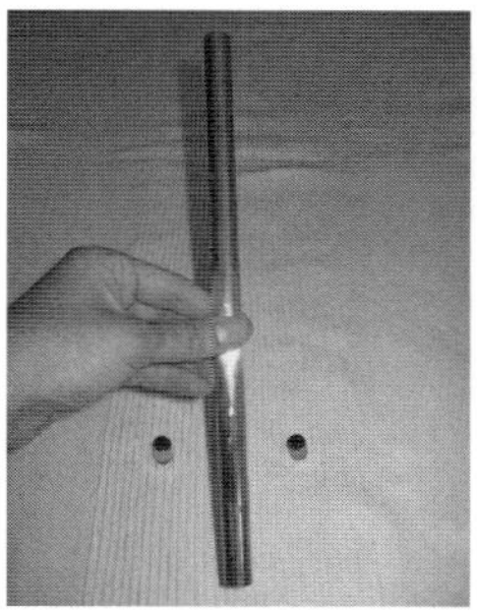

Abbildung 1

Geräte und Hilfsmittel

- 1 Kupfer- oder Aluminiumröhre (Innendurchmesser $d_{Röhre} = 1$ cm)
- 1 zylindrischer Körper (Außendurchmesser $d_{Körper} = 0{,}9$ cm)
- 1 Magnet, identisch in Form und Masse mit dem zylindrischen Körper
- Schraubzwinge, Stativmaterial

Durchführung

Die Induktionsröhre wird mithilfe des Stativmaterials an einer Tischkante o. Ä. befestigt. Ist Ihnen das zu aufwendig, können Sie die Röhre auch einfach in der Hand halten (Abbildung 1). Wenn Sie diese Vorbereitungen getroffen haben und die Körper 1 und 2 (Magnet) bereitliegen, können Sie mit der Vorführung beginnen.
Sie nehmen Körper 1 und lassen ihn durch die Röhre nach unten fallen. Er wird in einer Geschwindigkeit, wie wir es gewohnt sind, durch die Röhre nach unten gleiten. Lassen Sie nun aber den Körper 2 (Magnet) durch die Röhre gleiten, wird dieser viel mehr Zeit benötigen, bis er unten aus der Röhre herausfällt.
Diesen verblüffenden Vorgang können Sie beliebig oft wiederholen.

Erklärung

Der erste Körper ist ein ganz normaler mit einer bestimmten Masse, der aufgrund der Erdanziehung (Gravitation) durch die Röhre nach unten fällt. Der zweite Körper mit der gleichen Masse und der gleichen Form fällt ebenfalls aufgrund der Erdanziehung durch die Röhre. Dass dieser jedoch langsamer fällt, liegt daran, dass ihn eine zweite Kraft (Magnetismus) zurückhält. Diesen zweiten Körper (Magnet) umgibt ein magnetisches Feld. Beim Fall durch die Röhre durchdringt dieses magnetische Feld auch die Metallröhre, durch die der Magnet nach unten fällt. Durch den Fall des Magneten ändert sich das Magnetfeld um die Kupferröhre herum. Aufgrund dieser Tatsache wird in der Röhre ein elektrischer Strom induziert. Dieser elektrische Strom in der Röhre hat zur Folge, dass sich um die Metallröhre herum ein magnetisches Feld ausbildet. Die Richtung des induzierten Stromes und somit auch die Richtung des Magnetfeldes bildet sich dabei so aus, dass es seiner Ursache entgegenwirkt (Lenz'sches Gesetz). Das heißt, die Bewegung des fallenden Magneten wird durch das entstandene Magnetfeld behindert, und der Körper 2 fällt erheblich langsamer durch die Röhre.

Heinrich Friedrich Emil Lenz (Emilij Christianowitsch Lenz): 12. Febr. 1804 – 10. Febr. 1865, war ein russischer Physiker, der in der Zeit von 1863 bis 1865 Rektor der Sankt-Petersburger Universität war und sich ausgiebig mit elektromagnetischen Erscheinungen beschäftigte. Im Jahr 1834 stellte er das nach ihm benannte Lenz'sche Gesetz auf, welches besagt, dass der Induktionsstrom stets so gerichtet ist, dass sein Magnetfeld der Ursache des Induktionsvorganges entgegenwirkt [1]–[3]. Weiterhin entdeckte er die Temperaturabhängigkeit des elektrischen Widerstandes bei Metallen. Lenz war Mitglied der Akademie der Wissenschaften in Sankt Petersburg und korrespondierendes Mitglied der Akademie der Wissenschaften Berlin.

Sven Korthaase: Verblüffende Experimente Naturwissenschaften
© Auer Verlag – AAP Lehrerfachverlage GmbH, Donauwörth

Arbeitsblatt 3

Die Zauberröhre

Aufgabe

Erkläre den zeitlichen Unterschied beim Fallen der beiden Körper.

Du brauchst:

- 1 ca. 50 cm lange Kupfer- oder Aluminiumröhre
- 2 Körper gleicher Masse
- Körper 1 ist kein Magnet
- Körper 2 ist ein Magnet

Durchführung

1. Halte die Röhre senkrecht und lass erst den Körper 1 und anschließend den Körper 2 durch die Röhre fallen.
2. Beobachte den Verlauf des Experimentes und notiere deine Beobachtungen.
3. Erkläre deine Beobachtungen.

Beobachtung

____

____

____

Auswertung

____

____

____

____

____

____

____

____

Zusatzaufgabe: Berechne die Zeit, die der Körper 1 benötigt, um durch die Röhre zu fallen.

Gegeben: Lösung:

Gesucht:

Antwortsatz:

Sven Korthaase: Verblüffende Experimente Naturwissenschaften
© Auer Verlag – AAP Lehrerfachverlage GmbH, Donauwörth

4 Die geneigte Ebene (1)

Physik – Mechanik – geneigte Ebene	Sehr einfach
Die Schüler/-innen sollen das Geheimnis der „geneigten Ebene" lösen und die Funktionsweise qualitativ beschreiben können.	Wenige Minuten

Ein Rotationskörper rollt eine geneigte Ebene allen physikalischen Gesetzen zum Trotz scheinbar bergauf.

Geräte und Hilfsmittel

1. Spezielle geneigte Ebene bestehend aus:
   - 1 kleines Scharnier
   - 2 Nägel
   - 1 Kette, ca. 29 cm lang
   - 2 Bretter (Abbildung 1)

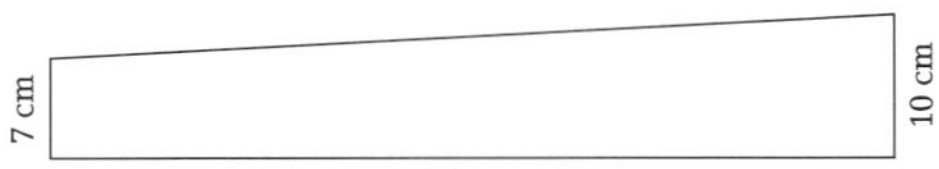

Abbildung 1

2. Rotationskörper (Abbildung 2):
   - Einen solchen Rotationskörper können Sie sich von einem versierten Tischler/Zimmerer oder einem Hobby-Drechsler anfertigen lassen.

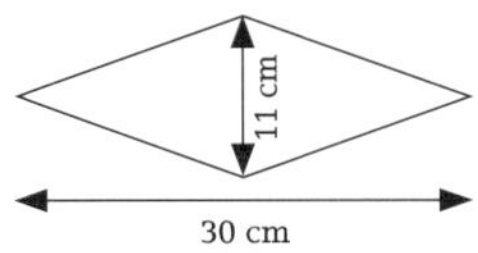

Abbildung 2

Durchführung

Bevor Sie mit der Durchführung des Experimentes beginnen können, müssen Sie sich noch die geneigte Ebene aus den oben genannten Materialien anfertigen. Dazu befestigen Sie das Scharnier an den kürzeren Seiten (7 cm) der trapezförmigen Bretter. Klappen Sie die so hergestellte geneigte Ebene so weit auseinander, dass der Kegel gerade noch auf den längeren Seiten zum Liegen kommt. An den kürzeren Seiten sind die Bretter durch das Scharnier verbunden, und an den längeren Seiten (10 cm) müssen beide Bretter nun einen Abstand von ca. 29 cm haben. Sind die Bretter so weit auseinandergeklappt, befestigen Sie die Kette mit den beiden kleinen Nägeln an den langen Bretterseiten. Dadurch ist gewährleistet, dass die geneigte Ebene nie zu weit auseinandergeklappt wird. In der Abbildung 3 sehen Sie den oben beschriebenen Rotationskörper und in der Abbildung 4 die geneigte Ebene.

Abbildung 3

Abbildung 4

Klappen Sie die geneigte Ebene, so weit es geht, auseinander und stellen Sie diese auf den Vorführtisch. Dann legen Sie den Rotationskörper auf die untere Seite der Ebene, und Sie werden sehen, dass der Doppelkegel (Rotationskörper) von allein in die andere Richtung, also scheinbar die geneigte Ebene nach oben, rollt.

Sven Korthaase: Verblüffende Experimente Naturwissenschaften
© Auer Verlag – AAP Lehrerfachverlage GmbH, Donauwörth

Erklärung

Wenn Sie das Experiment durchführen, werden Sie sehen, dass sich bei der Bewegung des Doppelkegels die Auflagepunkte am Rotationskörper ständig ändern. Das rührt daher, dass die beiden Bretter nicht parallel, sondern in einem bestimmten Winkel α zueinander stehen. Diese Lage der Bretter ermöglicht es, dass sich die Auflagepunkte am Doppelkegel nach außen hin zu den Kegelspitzen bewegen. Infolgedessen bewegt sich der Schwerpunkt des Rotationskörpers nach unten (Abbildung 5), obwohl es den Anschein hat, der Doppelkegel würde sich nach oben bewegen.

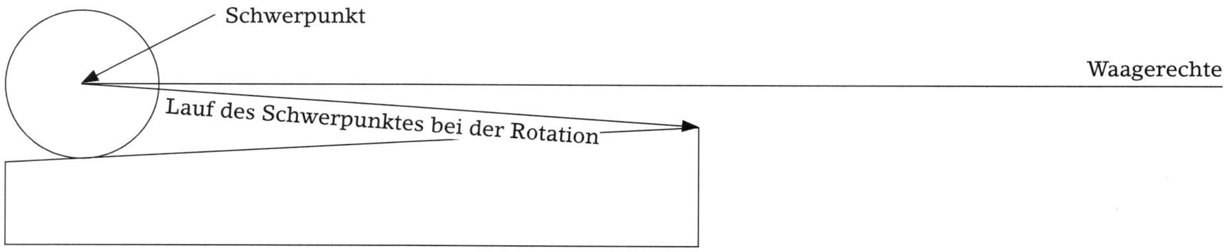

Abbildung 5

Das Experiment gelingt nicht mit allen Anordnungen. Hierfür müssen bestimmte Bedingungen erfüllt sein. Diese Bedingungen beschreiben die Größe des Rotationskörpers und die Größe der geneigten Ebene.

Es sei α der Öffnungswinkel der geneigten Ebene, also der Winkel, den die beiden trapezförmigen Bretter bilden, und β der Winkel, der den Anstieg der geneigten Ebene bestimmt. Eine weitere wichtige Größe ist der Winkel der Kegelspitze γ.

Damit der Doppelkegel nun scheinbar nach oben rollen kann, muss folgende Bedingung erfüllt sein:

$$\tan \beta < \tan \frac{\alpha}{2} \cdot \tan \frac{\gamma}{2} \quad [4]$$

Wenn Sie an der gesamten mathematischen Beschreibung interessiert sind, so finden Sie diese in der einschlägigen Fachliteratur, z. B. in [4].

Sie müssen die gesamte Vorrichtung nicht unbedingt, wie in den Abbildungen 3 und 4 zu sehen ist, aus Holz herstellen. Eine kostengünstigere, aber bei weitem nicht so stabile und haltbare Version, ist der Bau der Vorrichtung aus Papier und Pappe.

Erstmals Erwähnung fand das Doppelkegelexperiment in dem von William Jacob 's Gravesande (27. Sept. 1688 – 28. Febr. 1742) verfassten Buch „Physices Elementa Mathematica Experimentis Confirmata", welches 1720 in Leiden veröffentlicht wurde. [4]

Im Jahre 1715 bereiste 's Gravesande London, wo er Isaac Newton kennenlernte. Im Jahre 1717 wurde er Professor für Mathematik und Astronomie an der Universität Leiden. Die Lehrstühle für militärische Architektur und Philosophie erhielt er 1730 und 1734.

's Gravesande entwickelte viele Geräte, die er auch anfertigen ließ. Ein Teil dieser Geräte ist heute im Museum für Wissenschaftsgeschichte in Florenz zu sehen.

Sven Korthaase: Verblüffende Experimente Naturwissenschaften
© Auer Verlag – AAP Lehrerfachverlage GmbH, Donauwörth

5 Schwebender Luftballon

Physik – Mechanik – Auftrieb

Mittelschwer

Die Schüler/-innen können das archimedische Prinzip anwenden und damit den Versuch erklären.

10 Minuten

Ein Luftballon wird in ein Glasgefäß gegeben, wo dieser völlig frei schwebt.

Geräte und Hilfsmittel
- 1 Glasgefäß
- 1 Luftballon
- Kohlenstoffdioxid CO_2

Durchführung

Je nachdem, ob Sie den „Schwebenden Luftballon" als Zauberkunststück oder als reinen physikalischen Versuch vorführen wollen, müssen die Vorbereitungen geheim oder während der Vorführung selbst getroffen werden.
Befüllen Sie das Glasgefäß, das so bemessen sein muss, dass ein Luftballon locker darin Platz hat, etwa bis zur Hälfte mit Kohlenstoffdioxid. Kohlenstoffdioxid gibt es in Gasflaschen z. B. in Fachgeschäften für Aquarienbedarf oder eben im einschlägigen Chemikalienhandel. Zum Prüfen, ob das Gefäß genügend mit dem Gas aufgefüllt ist, können Sie Rauch (z. B. einer Zigarette – aber bitte nicht vor Schülern) in das Gefäß blasen. Da er auf dem Gas bleibt, zeigt er die Füllstandshöhe an.
Lassen Sie den Luftballon dann vorsichtig in das Glasgefäß gleiten, so wird er im Gefäß schweben (Abbildung 1).

Abbildung 1

Erklärung

Kohlenstoffdioxid ist ein Gas, das schwerer ist als das Gasgemisch Luft. Luft hat eine durchschnittliche Dichte von 1,293 g dm^{-3}*, Kohlenstoffdioxid hingegen von 1,977 g dm^{-3}* [5].
Der Luftballon erfährt im Kohlenstoffdioxid eine Auftriebskraft, da von oben ein kleinerer Schweredruck auf den Ballon wirkt als von unten. Somit steigt der Luftballon so lange, bis Auftriebskraft ($F_A = V_{Luftballon} \cdot \rho_{Kohlenstoffdioxid} \cdot g$) und Gewichtskraft F_G gleich groß sind. Es gilt das archimedische Prinzip, welches besagt, dass die Auftriebskraft F_A, die an einem Körper (hier Luftballon) angreift, der sich in einem Gas befindet, gleich der Gewichtskraft F_G des verdrängten Gases ist. Dann schwimmt er sozusagen in dem schweren Gas, hier Kohlenstoffdioxid.
Es sei hier nur kurz darauf hingewiesen, dass bei der Bestimmung der Gewichtskraft des Luftballons nicht nur die Masse der Luft, sondern natürlich auch noch die Masse des Ballongummis berücksichtigt werden muss ($F_G = V_{Luft} \cdot \rho_{Luft} \cdot g + m_{Ballon} \cdot g$).

* Die angegebenen Werte gelten unter Normalbedingungen, d. h. bei einer Temperatur von 0 °C und einem Druck von 101,3 kPa.

Archimedes von Syrakus (um 285 v. Chr. – um 212 v. Chr.) war ein griechischer Mathematiker und Ingenieur, um den sich viele Legenden ranken. Belegt ist einzig, dass Archimedes in Alexandria Mathematik studierte und einige Maschinen, wie z. B. die archmedische Schraube [6], den Flaschenzug und Kriegsmaschinen zur Verteidigung seiner Heimat erfunden haben soll. [7], [8]

Sven Korthaase: Verblüffende Experimente Naturwissenschaften
© Auer Verlag – AAP Lehrerfachverlage GmbH, Donauwörth

Arbeitsblatt 5

Schwebender Luftballon

Dein Lehrer zeigt dir einen verblüffenden Versuch mit einem Luftballon.

Erkläre das Schweben des Luftballons im Glasgefäß.

Berechne die Masse des Luftballons unter der Annahme, dass dieser eine Kugel bildet und einen Durchmesser von 15 cm hat. Die Masse des Ballons ohne Luft sei 1 g und die Dichte der Luft 1,293 $g\,dm^{-3}$.

Geg.: Ges.: Lös.:

Berechne das Volumen des Kohlenstoffdioxids (ρ = 1,977 $g\,dm^{-3}$), das vom Luftballon verdrängt wird.

Geg.: Ges.: Lös.:

Wie viel Prozent des Luftballonvolumens sind das?

Geg.: Ges.: Lös.:

Sven Korthaase: Verblüffende Experimente Naturwissenschaften
© Auer Verlag – AAP Lehrerfachverlage GmbH, Donauwörth

6 Wasser im Glas

THEMA	Physik – Wärmelehre – Volumenänderung von Stoffen bei Temperaturänderung – Mechanik – Druck		Mittelschwer
ZIEL	Die Schüler/-innen können das Ansteigen der Flüssigkeit im Glas mithilfe der Volumenänderung der Stoffe bei Temperaturänderungen erklären.		10 Minuten

In einem Teller befindet sich eine Flüssigkeit. Sie stülpen ein Glas in diese Flüssigkeit und diese steigt im Glas empor.

Abbildung 1

Geräte und Hilfsmittel

- 1 tiefer Teller oder eine flache Schale
- 1 Glas, 1 Kerze, z.B. Teelicht
- Wasser
- Stativmaterial

Durchführung

Das Glas spannen sie mit der Öffnung nach unten mithilfe des Stativmaterials fest. Unter das so eingespannte Glas stellen Sie ein entzündetes Teelicht (Abbildung 1) und lassen diese Vorrichtung mindestens 5 Minuten so stehen. Sie können entscheiden, ob ihr Publikum diesen Vorgang beobachtet oder ob Sie den Vorgang des Erhitzens des Glases den Zuschauern vorenthalten wollen, um so den Versuch etwas geheimnisvoller zu gestalten. In den tiefen Teller füllen Sie etwas Wasser und färben es mit Lebensmittelfarbe ein, denn dann ist der Vorgang besser zu beobachten. Nehmen Sie das heiße Glas und stellen Sie es schnell mit der Öffnung nach unten in das eingefärbte Wasser (Abbildung 2). Nach einiger Zeit wird das Wasser im Glas emporsteigen (Abbildung 3).

Abbildung 2

Abbildung 3

Erklärung

Da das Glas mit der Öffnung über eine Kerzenflamme gehalten wurde, haben sich das Glas und die Luft im Glas sehr stark erhitzt. Dadurch bewegen sich die Luftteilchen im Glas schneller, sie benötigen mehr Platz und die Luft dehnt sich aus. Das Gleiche passiert, jedoch bei Weitem in nicht so starkem Maße, mit dem Glas selber, es dehnt sich etwas aus.
Wird das Glas nun mit der Öffnung nach unten in das Wasser gestellt, so ist es sozusagen verschlossen. Das Glas und die Luft darin kühlen sich langsam ab. Die Luftteilchen bewegen sich langsamer und benötigen somit weniger Platz. Im Glas verringert sich dadurch der Druck, der nun kleiner ist als der Druck der Luft, welche das Glas umgibt. Diese Druckdifferenz bewirkt, dass das Wasser in das Glas fließt.
Sollte Ihnen diese Vorführung nicht so gut gelingen, stellen Sie einfach das Teelicht in den mit Wasser gefüllten Teller und stülpen Sie das Glas darüber. Die Kerze erlischt mangels Sauerstoff in kurzer Zeit, die Luft im Glas kühlt ab und das Wasser steigt ebenfalls nach oben.

Sven Korthaase: Verblüffende Experimente Naturwissenschaften
© Auer Verlag – AAP Lehrerfachverlage GmbH, Donauwörth

Arbeitsblatt 6

Wasser im Glas

Aufgabe

Untersuche das Verhalten einer Flüssigkeit in einem erwärmten Glas.

Du brauchst:

- Stativmaterial
- Becherglas
- Teelicht
- Suppenteller

Versuchsaufbau

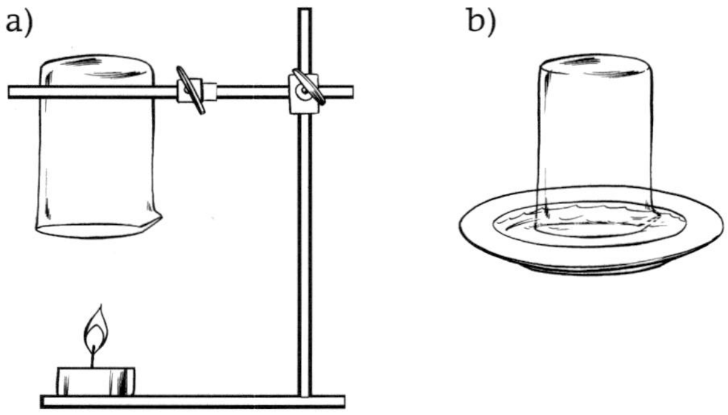

Durchführung

1. Befestige das Becherglas mit der Öffnung nach unten etwa 3 cm über dem Tisch mithilfe des Stativmaterials.
   Die Abbildung a zeigt dir den prinzipiellen Versuchsaufbau.
2. Entzünde das Teelicht und stelle es unter das Becherglas.
3. Während die Luft im Glas erhitzt wird, füllst du den Suppenteller mit Wasser.
   Du kannst das Wasser z.B. mit Tinte oder Lebensmittelfarbe einfärben, um es besser zu beobachten.
4. Nimm das Glas vorsichtig (**ACHTUNG: Das Glas kann heiß sein!**) mit einem Schutzhandschuh aus dem Stativmaterial und stelle es mit der Öffnung nach unten in den mit Wasser gefüllten Suppenteller.
5. Notiere deine Beobachtungen und finde eine Erklärung dafür.

Beobachtung

Auswertung

Sven Korthaase: Verblüffende Experimente Naturwissenschaften
© Auer Verlag – AAP Lehrerfachverlage GmbH, Donauwörth

7 Ei in Flasche

Physik – Wärmelehre – Volumenänderung von Stoffen bei Temperaturänderung – Mechanik – Druck

Einfach

Die Schüler/-innen können das selbstständige Hineingleiten des Eies in die Flasche mit ihrem Wissen über die Volumenänderung der Stoffe bei Temperaturänderung erklären.

Wenige Minuten

In eine Glasflasche wird ein brennendes Streichholz geworfen und gleich darauf ein Ei auf die Flaschenöffnung gelegt. Nach kurzer Zeit gleitet das Ei selbstständig in die Flasche.

Geräte und Hilfsmittel

- 1 Glasflasche, z.B. Milchflasche
- 1 hart gekochtes Ei
- feuerfeste Unterlage
- Streichhölzer

Durchführung

Zur Durchführung dieses Versuches benötigen Sie eine geeignete Glasflasche. Der Innendurchmesser der Flaschenöffnung muss etwas kleiner sein als der Durchmesser des Eies. Am besten eignet sich eine Milchflasche.
Haben Sie in Vorbereitung auf dieses Experiment das Ei hart gekocht, dann pellen Sie es vorsichtig ab. Sodann stellen Sie die Milchflasche auf eine feuerfeste Unterlage, das hart gekochte Ei daneben und legen die Streichhölzer bereit.
Entzünden Sie ein Streichholz und lassen Sie es vorsichtig in die Glasflasche gleiten. Dabei darf das Zündholz möglichst nicht erlöschen. Gleich darauf stellen Sie das Ei auf die Öffnung der Flasche (Abbildung 1). Nach kurzer Zeit erlischt das Streichholz, und das Ei gleitet in die Flasche (Abbildungen 2 und 3).

Abbildung 1

Abbildung 2

Abbildung 3

Erklärung

Das brennende Streichholz in der Flasche erwärmt die Luft darin. Die Teilchen der Luft in der Flasche bewegen sich schneller, brauchen dementsprechend mehr Platz, und die Luft dehnt sich aus. Nachdem das Ei auf die Öffnung der Flasche gestellt wurde, erlischt die Flamme am Streichholz aufgrund von Sauerstoffmangel. Das hat zur Folge, dass sich die Luft im Inneren der Flasche abkühlt, die Luftteilchen sich nicht mehr so schnell bewegen und nun weniger Platz benötigen; der Druck im Inneren der Flasche verringert sich, da die Luft sich zusammenzieht. Der äußere Luftdruck ist nunmehr größer als der Druck in der Flasche. Da das Ei beweglich ist, kommt es zu einem Druckausgleich, wobei das Ei in die Flasche gedrückt wird.

Sven Korthaase: Verblüffende Experimente Naturwissenschaften
© Auer Verlag – AAP Lehrerfachverlag GmbH, Donauwörth

Arbeitsblatt 7

Ei in Flasche

Aufgabe

Mit folgenden Materialien kannst du ein verblüffendes Experiment vollführen:

Du brauchst:

- 1 hart gekochtes und gepelltes Ei
- 1 Flasche, z.B. eine Milchflasche (Flaschenöffnung muss etwas kleiner als der Durchmesser des Eies sein)
- Streichholz, feuerfeste Unterlage

Versuchsaufbau

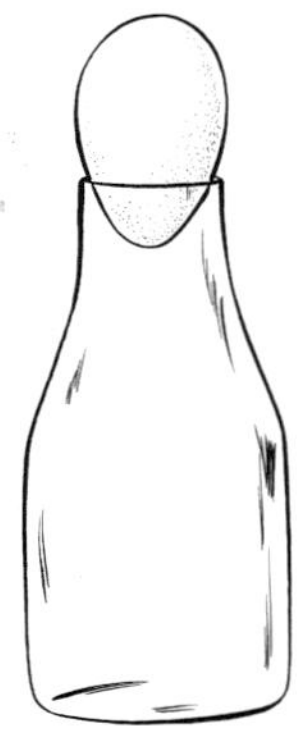

Durchführung

1. Stelle die Flasche auf eine feuerfeste Unterlage.
2. Entzünde ein Streichholz und gib es vorsichtig in die Flasche.
3. Gib das Ei sofort danach auf die Flaschenöffnung (siehe Versuchsaufbau).
4. Notiere deine Beobachtung und erkläre das Ergebnis des Versuches.

Beobachtung

Auswertung

Sven Korthaase: Verblüffende Experimente Naturwissenschaften
© Auer Verlag – AAP Lehrerfachverlag GmbH, Donauwörth

8 Ein verblüffendes Federexperiment

Physik – Mechanik – Kräfte – Kräftezerlegung

Einfach

Die Schüler/-innen können das Ergebnis des Versuches mithilfe der Zerlegung von Kräften erklären.

Wenige Minuten

Zwei Federn, an denen ein Massestück hängt, sind durch einen Bindfaden miteinander verbunden. Zerschneidet man diesen Bindfaden, nimmt die Versuchsanordnung eine neue, verblüffende Lage ein.

Geräte und Hilfsmittel

- Stativmaterial
- 2 Federn (gleiche Stärke)
- Massestück
- Bindfaden

Durchführung

Verbinden Sie die beiden Federn mit einem Stückchen Bindfaden (in der Abbildung 1 mit a gekennzeichnet). Dann befestigen Sie eine der Federn am Stativ und hängen das Massestück an die untere Feder. Die in der Abbildung 1 dargestellte Skizze verdeutlicht Ihnen den bisherigen Versuchsaufbau.

Anschließend benötigen Sie noch zwei Bindfäden (b), die Sie, wie in der Skizze der Abbildung 2 erkennbar ist, befestigen müssen. Sie sehen dort, dass die beiden gleich langen Bindfäden etwas länger sein müssen als die Länge einer ausgedehnten Feder und Länge des Fadens, der die beiden Federn verbindet. Mit diesem so vorbereiteten Versuchsaufbau können Sie mit der Vorführung beginnen.

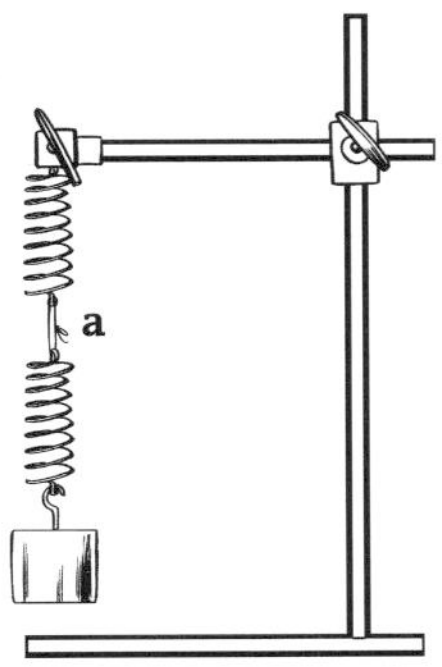

Abbildung 1

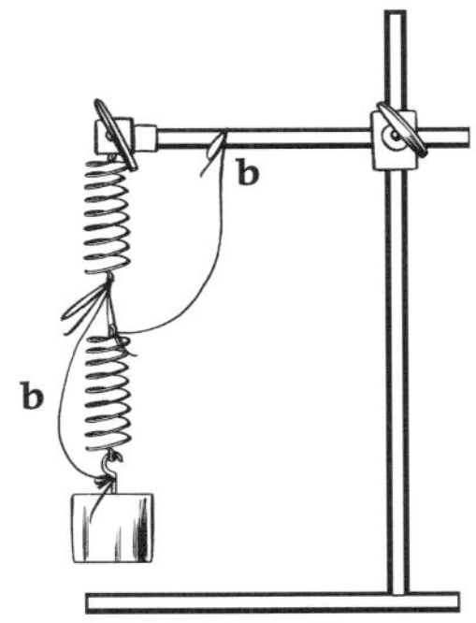

Abbildung 2

Es geht hier darum, vorherzusagen, was passiert, wenn man den Bindfaden, der beide Federn miteinander verbindet, durchschneidet.

Zerschneiden Sie den die Federn verbindenden Faden, werden Sie feststellen, dass sich die beiden Federn nicht mehr so stark ausdehnen wie zuvor. Das Massestück hängt nicht mehr so tief.

Erklärung

In der Anordnung, wie sie in der Abbildung 3 zu sehen ist, wirkte auf beide Federn die gesamte Gewichtskraft des Massestückes. Nach dem Zerschneiden des Fadens hängen die in der Abbildung 2 mit b gekennzeichneten Fäden nicht mehr schlaff herab. Sie tragen nun einen Teil der Gewichtskraft (Abbildung 4), daher dehnen sich die Federn nun nicht mehr so stark aus und das Massestück hängt jetzt höher als zuvor.

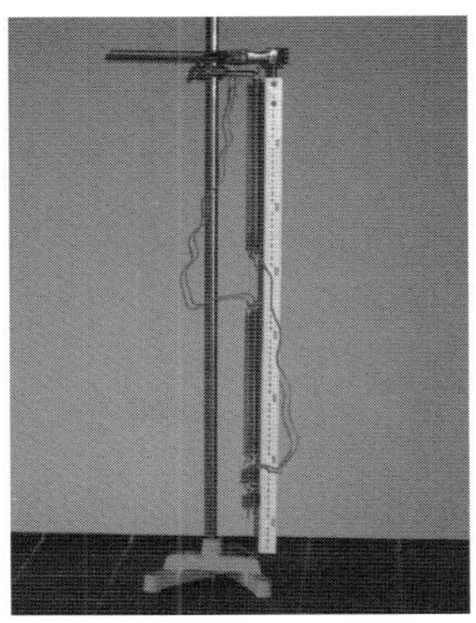

Abbildung 3

Abbildung 4

Sven Korthaase: Verblüffende Experimente Naturwissenschaften
© Auer Verlag – AAP Lehrerfachverlage GmbH, Donauwörth

Arbeitsblatt 8

Ein verblüffendes Federexperiment

1. Beschreibe den Versuchsaufbau des auf dem Lehrertisch aufgebauten Experimentes und fertige eine Skizze des Versuchsaufbaus an.

2. Die Schnur, welche die beiden Federn miteinander verbindet, soll zerschnitten werden. Stelle eine Vermutung über den Ausgang des Experimentes auf.

3. Erkläre das Ergebnis des Versuches.

Sven Korthaase: Verblüffende Experimente Naturwissenschaften
© Auer Verlag – AAP Lehrerfachverlage GmbH, Donauwörth

9 Mehlstaubexplosion

Chemie – Eigenschaften der Stoffe – Verbrennung

Mittelschwer

Die Schüler/-innen sollen erkennen, dass die Heftigkeit, mit der ein Stoff verbrennt, vom Zerteilungsgrad des Stoffes abhängig ist und dass Sauerstoff die Verbrennung fördert.

Wenige Minuten

Mehlstaub wird in eine Kerzenflamme geblasen und verbrennt dann explosionsartig.

Chemikalien und Hilfsmittel

- Mehl
- 1 große Blechdose mit Pappdeckel
- 1 Kerze, feuerfeste Unterlage
- 1 kleiner Trichter
- 1 ca. 1,5 m langer Schlauch
- 1 Schraube mit Mutter und Stativmaterial
- Sauerstoff O_2

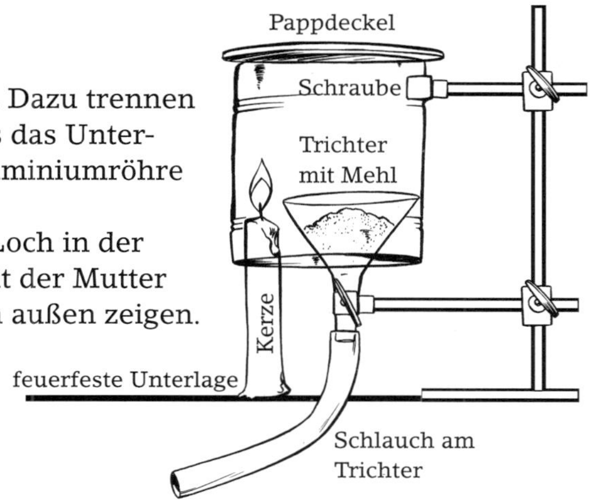

Abbildung 1

Durchführung

Diesen Versuch müssen Sie sorgfältig vorbereiten. Dazu trennen Sie aus der Blechdose mithilfe eines Dosenöffners das Unter- und das Oberteil heraus, sodass nur noch eine Aluminiumröhre übrig bleibt.
In diese Röhre bohren Sie im oberen Fünftel ein Loch in der Größe der Schraube. Diese befestigen Sie dann mit der Mutter an der Dose. Das Schraubenende muss dabei nach außen zeigen. Diese Mutter dient zur Befestigung der Dose mithilfe von Stativmaterial. Die so hergestellte Aluminiumröhre machen Sie dann am Stativ fest. Die Röhre muss sich etwa 3 cm über der feuerfesten Unterlage befinden.
Dann bringen Sie den Schlauch am unteren Ende des Trichters an, ziehen ihn unten durch die Röhre und befestigen den Trichter ebenfalls in der Röhre am Stativ. Dann stellen Sie die Kerze auf der feuerfesten Unterlage in die Röhre. Die Abbildung 1 soll Ihnen den Aufbau des Experimentes verdeutlichen. Haben Sie den Versuch so weit vorbereitet, können Sie mit der Vorführung beginnen. Sie dichten den Trichter mit einem winzigen Wattebüschel ab und geben darauf etwa 2 Esslöffel Mehl. Die Kerze entzünden Sie mittels eines Streichholzes o. Ä. und legen den Pappdeckel oben auf die Röhre. Wenn Sie dann kräftig in den Schlauch blasen, wird der Deckel von der Anordnung fliegen und das Mehl explosionsartig verbrennen. Ist Ihnen dieser Effekt noch nicht überzeugend genug, können Sie, anstatt in den Schlauch zu blasen, dort auch eine Sauerstoffflasche anschließen und diese für einen kurzen Moment öffnen, die Explosion wird dann wesentlich heftiger ausfallen.

Erklärung

Durch das Zerstäuben des Mehles vergrößert sich seine Oberfläche erheblich, dadurch verbrennt das Mehl viel besser. Je größer der Verteilungsgrad ist, desto heftiger verbrennt ein Stoff. Die Zuleitung von Sauerstoff bewirkt eine weitere Förderung der Verbrennung.

Am 6. Februar 1979 verursachte ein brennendes Kabel eine Mehlstaubexplosion in einer Bremer Mühle, in deren Folge 14 Menschen starben und ein Sachschaden von etwa 50 Millionen DM (ca. 25 Mill. Euro) entstand. [9]

Sven Korthaase: Verblüffende Experimente Naturwissenschaften
© Auer Verlag – AAP Lehrerfachverlage GmbH, Donauwörth

10 Eine wunderbare Kartenvorhersage

Chemie – chemische Reaktionen

Einfach

Die Schüler/-innen sollen erkennen, dass die Abbildung auf dem Blatt Papier durch eine chemische Reaktion zustande gekommen ist.

ca. 10 Minuten

Ein Zuschauer zieht eine Karte aus einem Kartenspiel, und diese erscheint auf einem zuvor weißem Blatt Papier.

Chemikalien und Hilfsmittel

- Petrischale, Pinsel, würfelförmige Pappbox mit Deckel
- Kupfersulfat $CuSO_4$
- Ammoniak NH_3 (Ammoniakwasser NH_4OH)

Durchführung

Zur Vorbereitung auf dieses Kunststück müssen Sie einige Maßnahmen treffen. Lösen Sie ca. 5 g des Kupfersulfats in etwa 50 ml Wasser auf und zeichnen Sie damit mithilfe des Pinsels eine Kartenfarbe (z.B. Herz Sieben) auf das Blatt Papier. Das Blatt Papier lassen Sie dann trocknen. In die Petrischale geben Sie ein wenig der Ammoniaklösung (ca. 5 %ig) und stellen sie in die verschlossene Box.
Was Sie nun noch beherrschen müssen, ist eine gute Forciermethode, was bedeutet, dass Sie einem Zuschauer genau die Karte (hier Herz Sieben) „unterjubeln", die Sie möchten. Dieser muss aber natürlich den Eindruck haben, er hätte diese Karte völlig freiwillig gewählt. In der einschlägigen Fachliteratur [10]–[12] finden Sie etliche dieser Methoden. Diese funktionieren meistens ohne große vorherige Übung. Stellen Sie die Box mit dem Ammoniak auf den Vorführtisch und beginnen Sie mit der Vorführung. Sie zeigen Ihrem Mitspieler das leere Blatt Papier und hängen es vorsichtig und schnell in die Box (Abbildung 1). Das sollte schnell geschehen, damit die Box nicht zu lange geöffnet ist und nicht durch den Geruch des Ammoniaks, das die Box dann verlässt, das Trickgeheimnis verraten wird. Dann lassen Sie den Zuschauer scheinbar völlig freiwillig mithilfe einer Forciermethode die Herz Sieben ziehen. Da das Blatt Papier einige Minuten in der Box im Ammoniakdampf verharren muss, sollten Sie den Vorgang des Ziehens der Karte ruhig, z.B. mit einer kleinen Geschichte, hinauszögern. Wenn Sie dann das Blatt Papier aus der Box ziehen, wird sich auf ihr das Bild der Herz Sieben (Abbildung 3) abgebildet haben. Zum Herausziehen des Blattes brauchen Sie die Box gar nicht zu öffnen. Da noch eine Kante des Blattes aus der Box heraushängt (Abbildung 1), ergreifen Sie einfach diese Kante und ziehen das Papier bei leicht geschlossenem Deckel heraus (Abbildung 2).

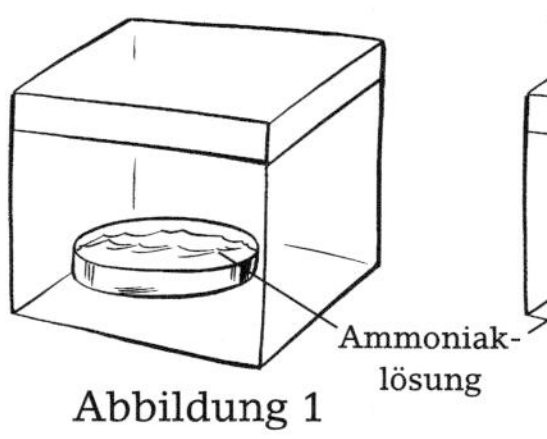

Abbildung 1

Abbildung 2

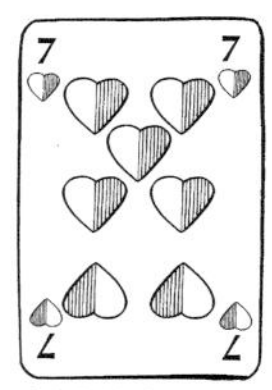

Abbildung 3

Erklärung

Da der Kartenwert schon vorher bekannt war, wurde er mit der Kupfersulfatlösung auf das Blatt Papier gezeichnet oder geschrieben. Das Ammoniakwasser in der Box verdunstet und das NH_3-Gas verbindet sich mit den Kupferionen (Cu^{2+}) der Lösung. Es entsteht also bei den präparierten Stellen auf dem Papier durch diese Reaktion ein $[Cu(NH_3)4]^{2+}$-Komplex, der sich blau einfärbt.

Sven Korthaase: Verblüffende Experimente Naturwissenschaften
© Auer Verlag – AAP Lehrerfachverlag GmbH, Donauwörth

11 Die erlöschende Kerze

Chemie – chemische Reaktionen	Einfach
Die Schüler/-innen erkennen, dass eine chemische Reaktion stattfindet, bei der Kohlenstoffdioxid entsteht, und das dieses Kohlenstoffdioxid für das Erlöschen der Flamme verantwortlich ist.	10 Minuten

Über eine brennende Kerze wird eine scheinbar leere Flasche ausgegossen und die Flamme erlischt.

Chemikalien und Hilfsmittel

- 1 brennende Kerze
- 1 leere Flasche, z.B. Mineralwasserflasche
- Essigsäure 5 % $C_2H_4O_2$
- Backpulver (enthält Natriumhydrogencarbonat $NaHCO_3$)

Durchführung

Stellen Sie sich alle benötigten Materialien bereit (Abbildung 1), um mit dem Versuch beginnen zu können. Dann geben Sie das Backpulver ($NaHCO_3$) eines Päckchens in die Glasflasche. Danach gießen Sie vorsichtig etwa 30 ml der 5 %igen Essigsäure ($C_2H_4O_2$) hinzu. Sie können getrost Wein- bzw. Branntweinessig, der im Lebensmittelhandel erhältlich ist, benutzen. Anschließend legen Sie den Deckel umgekehrt auf die Flasche. Während eine heftige Reaktion in der Flasche stattfindet (Abbildung 2), entzünden Sie die Kerze. Warten Sie noch einige Minuten, nehmen Sie den Deckel von der Flasche und gießen Sie ganz langsam die Flasche über die Kerzenflamme aus. Sie werden sehen, dass die Flamme erlischt (Abbildung 3). Seien Sie beim Ausgießen vorsichtig, damit nicht noch die in der Flasche vorhandene Lösung herausfließt.

Abbildung 1

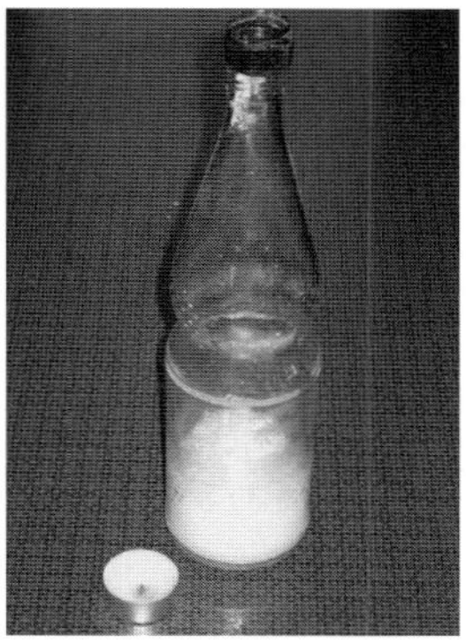

Abbildung 2

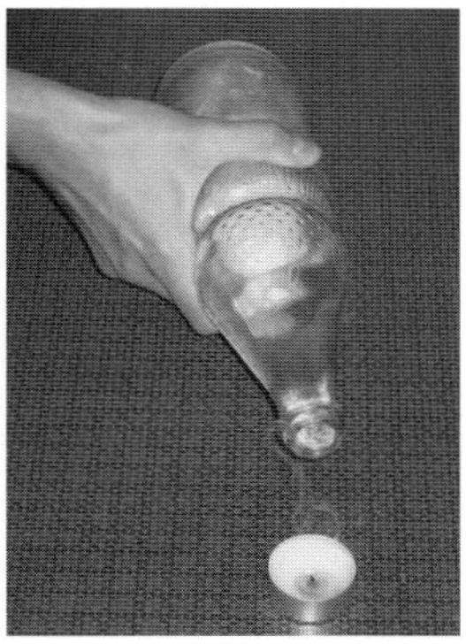

Abbildung 3

Erklärung

Im Backpulver befindet sich Natriumhydrogencarbonat, das mit der Essigsäure unter Entstehung von Wasser, Natriumacetat und Kohlenstoffdioxid reagiert:

$$C_2H_4O_2 + NaHCO_3 \longrightarrow CO_2 + C_2H_3O_2Na + H_2O$$

$C_2H_4O_2$		$NaHCO_3$		CO_2		$C_2H_3O_2Na$		H_2O
Essigsäure	+	Natriumhydrogen-carbonat	→	Kohlenstoff-dioxid	+	Natriumacetat	+	Wasser

Da das gasförmige CO_2 schwerer ist als Luft, bleibt es in der Flasche. Kippt man die Flasche aus, fließt das gasförmige Kohlenstoffdioxid aus der Flasche und erstickt die Flamme, da es die Luft (Sauerstoff – ist für die Verbrennung notwendig) um die Flamme verdrängt.

Sven Korthaase: Verblüffende Experimente Naturwissenschaften
© Auer Verlag – AAP Lehrerfachverlage GmbH, Donauwörth

Die erlöschende Kerze

Aufgabe

Stelle ein Gas her, mit dem du eine Kerze zum Erlöschen bringst, und erkläre das Experiment.

Du brauchst:

- 1 brennende Kerze
- 1 leere Flasche (z. B. eine Mineralwasserflasche)

Chemikalien:
- Essigsäure 5 % ($C_2H_4O_2$)
- Natriumhydrogencarbonat ($NaHCO_3$)

Durchführung

1. Gib etwas von dem Natriumhydrogencarbonat (z. B. eine Packung Backpulver) in die leere Mineralwasserflasche.
2. In die Flasche füllst du nun noch etwa 20–30 ml der 5 %igen Essigsäure.
3. Beobachte die Vorgänge in der Flasche.
4. Entzünde eine Kerze (Teelicht).
5. Führe die Öffnung der Flasche langsam und vorsichtig in Richtung Kerzenflamme und halte sie so, als ob du etwas ausgießen würdest.
   Achte jedoch darauf, dass nicht wirklich etwas von dem Säure-Carbonat-Gemisch ausläuft!

Notiere dir hier die Beobachtungen, die du während und am Ende des Experimentes gemacht hast.

Erkläre das Ergebnis des Experimentes.

Entwickle die Reaktionsgleichung, bei der das Kohlenstoffdioxid entsteht.

Sven Korthaase: Verblüffende Experimente Naturwissenschaften
© Auer Verlag – AAP Lehrerfachverlage GmbH, Donauwörth

12 Die leuchtende Flüssigkeit

THEMA	Chemie – chemische Reaktionen – Chemolumineszenz		Mittelschwer
ZIEL	Die Schüler/-innen lernen eine mögliche Reaktion zur Chemolumineszenz kennen.		5–10 Minuten

Sie geben einige Chemikalien in Wasser und verdunkeln den Raum. Die so hergestellte Flüssigkeit wird im Dunkeln blau leuchten.

Chemikalien und Hilfsmittel

- Spatel
- Reagenzglas
- Luminol (3-Aminophthalsäurehydrazid) $C_8H_7N_3O_2$
- Kupfersulfat $CuSO_4$
- Perboratmischung, bestehend aus: Natriumperborat $NaBO_3$
  Natriumcarbonat Na_2CO_3

Durchführung

Bevor Sie sich die benötigten Chemikalien einzeln besorgen, möchte ich Sie darauf hinweisen, dass es ein betreffendes Experimentierset fertig mit allen benötigten Chemikalien im einschlägigen Fachhandel [13] zu erwerben gibt (Abbildung 1).
Nehmen Sie das Reagenzglas zur Hand und füllen Sie so viel Wasser hinein, bis es etwa zu drei Viertel gefüllt ist. Dann geben Sie eine kleine MengeLuminol ($C_8H_7N_3O_2$) und etwa dieselbe kleine Menge des Perboratgemisches ($NaBO_3$ und Na_2CO_3) in das Reagenzglas mit dem Wasser. Dazu fügen Sie vier oder fünf kleine Kupfersulfatkristalle (Abbildung 2). Dann dunkeln Sie den Raum zügig ab, und Sie werden eine leuchtend blaue Flüssigkeit sehen (Abbildung 3).

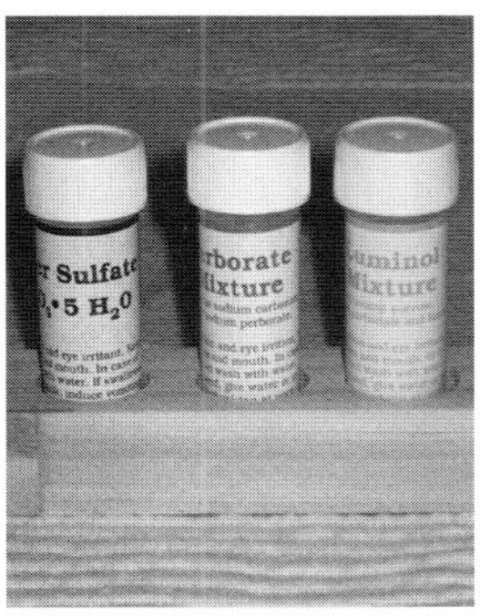

Abbildung 1

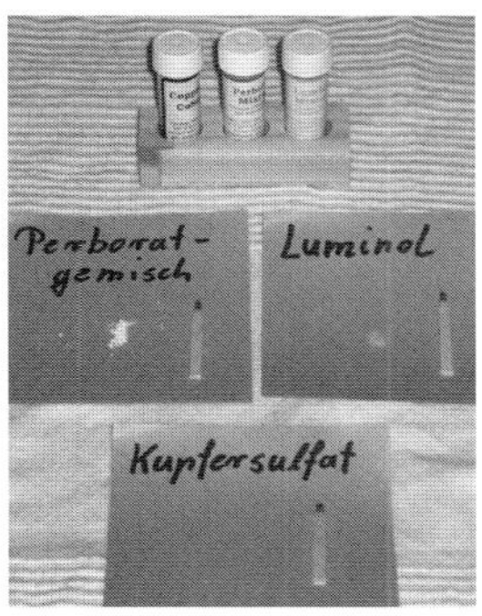

Abbildung 2

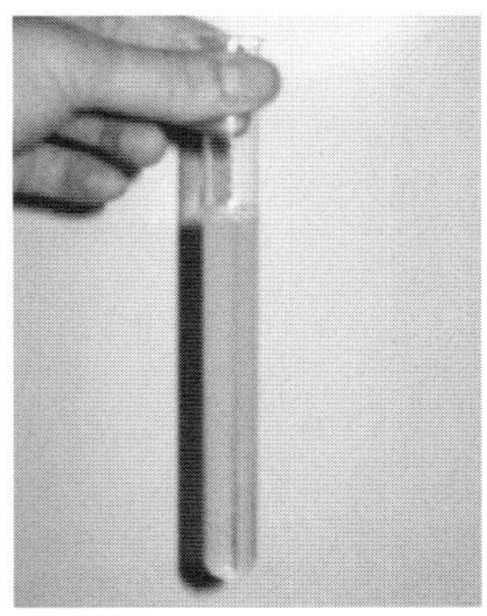
Abbildung 3

Erklärung

Es findet unter den beteiligten Chemikalien eine Reaktion statt, die äußerst kompliziert ist. Das Perboratgemisch wirkt dabei als Oxydationsmittel und das Kupfersulfat als Katalysator. Einen Ausschnitt des sehr komplexen Reaktionsvorganges finden Sie in der Abbildung 4 [13].

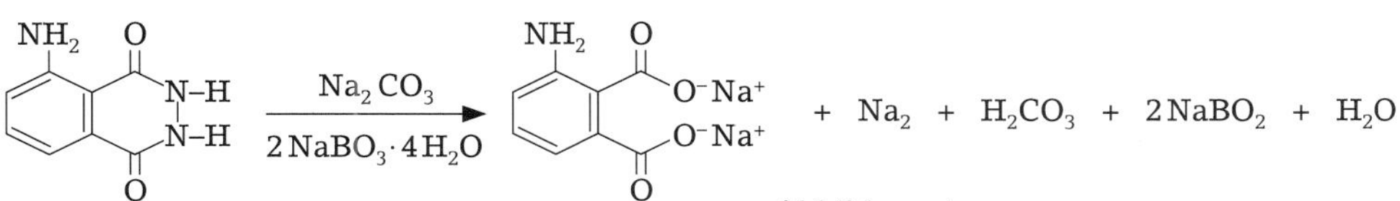

Abbildung 4

Die bei der Reaktion abgegebene Energie wird von den Elektronen aufgenommen, sodass diese ein höheres Energieniveau (Anregungszustand) annehmen. Kehren diese Elektronen in ihren Grundzustand zurück, geben sie die überschüssige Energie in Form von Licht ab.

Sven Korthaase: Verblüffende Experimente Naturwissenschaften
© Auer Verlag – AAP Lehrerfachverlage GmbH, Donauwörth

Arbeitsblatt 12

Die leuchtende Flüssigkeit

Aufgabe

Hier findest du die Anleitung zur Durchführung eines äußerst verblüffenden Versuches, bei dem eine Flüssigkeit plötzlich anfängt zu leuchten.

Du brauchst:

- 1 Reagenzglas
- 1 Spatel
- Reagenzglasständer

Chemikalien:
- Luminol
- Kupfersulfat
- Perboratgemisch (Natriumperborat, Natriumcarbonat)
- Wasser

Durchführung

1. Fülle Wasser in das Reagenzglas, bis dieses etwa zu drei Viertel gefüllt ist, und stelle es in den Reagenzglasständer.
2. Gib mithilfe des Spatels etwas Luminol in das mit Wasser gefüllte Reagenzglas. Dein Lehrer gibt dir die richtige Menge des zu verwendenden Luminols.
3. Anschließend gib ungefähr die gleiche geringe Menge des Perboratgemisches in das Reagenzglas.
4. Schüttle das Reagenzglas vorsichtig und rühre mit dem Spatel die Lösung um.
5. Gib einige kleine Kristalle (4–6) des Kupfersulfats in die bereitstehende Lösung und schüttle wieder vorsichtig.
6. Beobachte nun die so hergestellte Lösung – möglichst in einem verdunkelten Raum.

Notiere hier deine Beobachtung.

____

____

Auswertung

____

____

____

____

____

Zusatzaufgabe: Finde durch Recherche in Fachbüchern, im Internet usw. die chemischen Formeln der an der Reaktion beteiligten Chemikalien.

1. Luminol: ____________________________

2. Kupfersulfat: ____________________________

3. Natriumperborat: ____________________________

4. Natriumcarbonat: ____________________________

Sven Korthaase: Verblüffende Experimente Naturwissenschaften
© Auer Verlag – AAP Lehrerfachverlage GmbH, Donauwörth

13 Das Zauberpulver

Chemie – Eigenschaften der Stoffe	Einfach
Die Schüler/-innen lernen Lycopodium und dessen hydrophobe Eigenschaft sowie Lycopodium als Beispiel für die heftige Verbrennung von Stoffen mit hohem Zerteilungsgrad kennen.	ca. 5 Minuten

Sie halten Ihre Hand in eine mit Wasser gefüllte Schale. Nehmen Sie die Hand wieder heraus, ist diese trocken.

Chemikalien und Hilfsmittel

- Wasser H_2O
- Lycopodium (Bärlappsporen)
- pneumatische Wanne

Durchführung

Sie befüllen die pneumatische Wanne mit Wasser. Anschließend streuen Sie das Lycopodium möglichst gleichmäßig auf die Wasseroberfläche (Abbildung 1). So vorbereitet, können Sie mit dem Versuch beginnen.
Langsam stecken Sie senkrecht von oben Ihre Hand in die mit Wasser gefüllte pneumatische Wanne (Abbildung 2). Nehmen Sie ihre Hand aus dem Wasser, wird diese vollständig trocken sein (Abbildung 3).

Abbildung 1

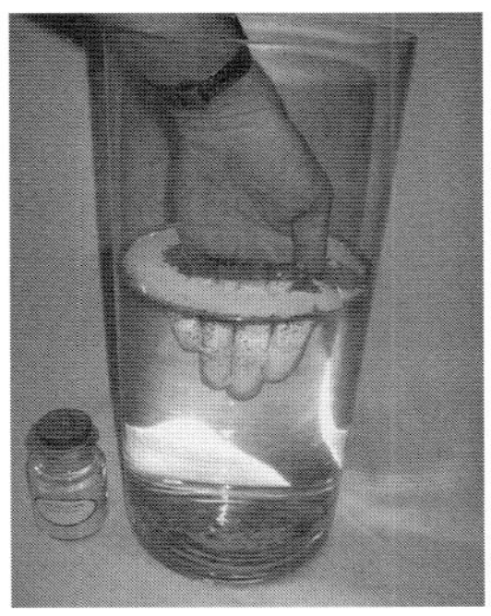
Abbildung 2

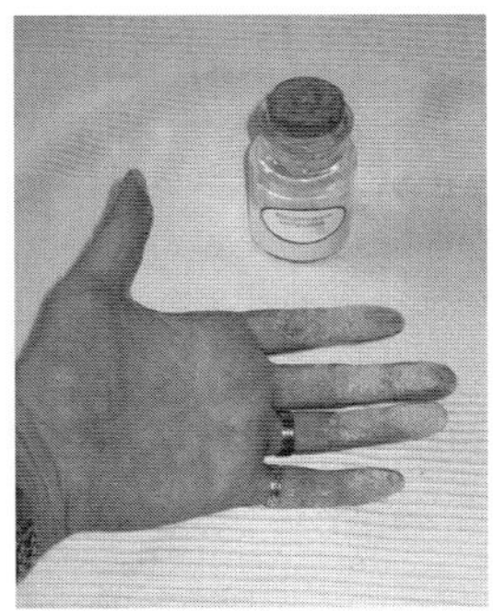
Abbildung 3

Erklärung

Die Bärlappsporen enthalten einen sehr hohe Anteil (bis zu 50 %) von Ölen; daher sind sie unter Normalbedingungen nicht wasserlöslich.
Wenn Sie Ihre Hand in das Wasser stecken, umgibt sich die Haut mit den äußerst feinen Sporen und lässt kein Wasser hindurch, sodass die Hand trocken bleibt.

Bei dem unter den Namen Lycopodium bekannten Pulver handelt es sich um die Sporen des Bärlapp (lat. Lycopodium). Bärlappsporen können Sie in der Apotheke oder bei verschiedenen Lehrmittelfirmen kaufen. Es handelt sich um einen gelblichen Staub, der aus den Ähren der Pflanze gewonnen wird. Früher wurden die Bärlappsporen auch Hexenmehl oder Streupulver genannt, da sie in Theatern und bei Gauklern äußerst beliebt waren und zur Erzeugung von Blitzen genutzt wurden. [14]
Streut man das feine Pulver in eine Flamme, verbrennt es zischend aufgrund seines sehr großen Zerteilungsgrades explosionsartig. In der nebenstehenden Abbildung 4 sehen Sie eine solche Verbrennung des Lycopodiums.

Abbildung 4

Sven Korthaase: Verblüffende Experimente Naturwissenschaften
© Auer Verlag – AAP Lehrerfachverlage GmbH, Donauwörth

Das Zauberpulver

Aufgabe

Mit diesem „Pulver“ kannst du einige tolle Experimente durchführen, die hier beschrieben sind.

1. Die trockene Hand

Du brauchst:

- pneumatische Wanne

Chemikalien:
- Wasser
- Zauberpulver (Lycopodium)

Durchführung

1. Fülle die pneumatische Wanne mit Wasser.
2. Streue gleichmäßig über die Wasseroberfläche etwas Lycopodium.
3. Tauche vorsichtig deine Hand senkrecht von oben in das Wasser und ziehe sie wieder heraus.
4. Notiere deine Beobachtung und erkläre sie.

Beobachtung und Erklärung

___

___

2. Feuerblitz

Du brauchst:

- Kerze mit Kerzenständer
- feuerfeste Unterlage
- 1 Spatel

Chemikalien:
- Zauberpulver (Lycopodium)

Achte bei der Durchführung dieses Experimentes darauf, dass keine brennbaren Stoffe in der Nähe der Kerze sind!
Arbeite genau nach der Anleitung, damit niemand verletzt wird und nichts in Brand gerät!

1. Stelle die entzündete Kerze auf die feuerfeste Unterlage.
2. Achte darauf, dass sich keine Person oder etwas Brennbares in der Nähe der Kerzenflamme befindet.
3. Nimm eine Spatelspitze voll Zauberpulver und streue es in die Kerzenflamme.
4. Notiere deine Beobachtung und finde eine Erklärung.

Beobachtung und Erklärung

___

___

___

Zusatzaufgabe: Finde durch eine geeignete Recherche mehr über das „Zauberpulver“ heraus.

___

Sven Korthaase: Verblüffende Experimente Naturwissenschaften
© Auer Verlag – AAP Lehrerfachverlage GmbH, Donauwörth

14 Das Zauberfläschchen

THEMA	Chemie – Seifen/Waschmittel		Einfach
ZIEL	Die Schüler/-innen sollen wissen, dass Tenside die Grenzflächenspannung verringern.		5–10 Minuten

Ein Fläschchen mit einer Flüssigkeit steht in einem mit Wasser gefüllten Behälter. Gibt man eine Lösung in das Wasser, so steigt die Flüssigkeit plötzlich aus dem kleinen Fläschchen an die Wasseroberfläche.

Chemikalien und Hilfsmittel

- 1 große pneumatische Wanne
- Wasser H_2O
- Speiseöl (fette Öle, bestehend aus Glycerin und Fettsäuren)
- Seifenlauge
  - $C_{17}H_{33}COOK + H_2O$ (Schmierseife)
  - $C_{17}H_{35}COONa + H_2O$ (Kernseife)

Durchführung

Sie befüllen das kleine Fläschchen randvoll mit Speiseöl und die pneumatische Wanne mit Wasser. Der Füllstand der pneumatischen Wanne muss so bemessen werden, dass zwischen Wasseroberfläche und Öffnung des darin stehenden kleinen Fläschchens einige Zentimeter Abstand sind. Anschließend stellen Sie das kleine Fläschchen vorsichtig in die mit Wasser gefüllte pneumatische Wanne (Abbildung 1), und Sie werden sehen, dass nichts passiert. Das Öl bleibt in dem Fläschchen. Geben Sie dann einige Tropfen der Seifenlösung in das Wasser, werden Sie beobachen, wie das Öl aus dem Fläschchen plötzlich anfängt nach oben zu strömen (Abbildung 2).

Abbildung 1

Abbildung 2

Erklärung

Öl besitzt eine geringere Dichte als Wasser, hat somit bei gleichem Volumen eine kleinere Masse. Das bedeutet, dass Öl auf Wasser schwimmt. Bedingt durch die kleine Öffnung des Fläschchens und die Grenzflächenspannung des Wassers zur Öloberfläche, kann das Öl nicht auslaufen. Erst wenn man diese Grenzflächenspannung verringert, kann das Öl nach oben steigen. Das geschieht durch die Zugabe der Seifenlösung in das Wasser. Die Seifenionen sind grenzflächenaktiv und setzen dadurch die Anziehungskräfte der einzelnen Wassermoleküle herab, sodass die Grenzflächenspannung sinkt.

Sven Korthaase: Verblüffende Experimente Naturwissenschaften
© Auer Verlag – AAP Lehrerfachverlage GmbH, Donauwörth

Arbeitsblatt 14

Das Zauberfläschchen

Aufgabe

Führe den Versuch nach der angegebenen Anleitung durch und erkläre das plötzliche Aufsteigen des Speiseöls.

Du brauchst:

- 1 kleines Fläschchen
- pneumatische Wanne

Chemikalien:
- Wasser
- Speiseöl
- Seifenlauge

Durchführung

1. Fülle die pneumatische Wanne fast randvoll mit Wasser.
2. Fülle das kleine Fläschchen randvoll mit Speiseöl und stelle es vorsichtig in die mit Wasser gefüllte pneumatische Wanne.
3. Gib einige Tropfen der Seifenlauge[1] in das Wasser.

Beobachtung

___

___

___

___

Auswertung

___

___

___

___

___

___

___

[1] Die Seifenlauge kannst du dir aus Spülmittel und etwas Wasser herstellen.

Sven Korthaase: Verblüffende Experimente Naturwissenschaften
© Auer Verlag – AAP Lehrerfachverlage GmbH, Donauwörth

15 Geheimschrift

	Chemie – Kohlenhydrate	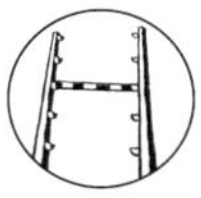	Mittelschwer
	Die Schüler/-innen erkennen, dass Zitronensaft Kohlenhydrate enthält und dass diese bei Erwärmung verkohlen.		5–10 Minuten

Ein leeres Blatt Papier wird erhitzt, und es erscheint eine geheimnisvolle Schrift.

Chemikalien und Hilfsmittel

- feuerfeste Unterlage und 1 Kerze
- Zitronensaft (Kohlenhydrate – Zucker)
- 1 Blatt Papier
- Wattestäbchen

Durchführung

Vor der Vorführung dieses verblüffenden Experimentes beschreiben Sie ein Blatt Papier mithilfe des Wattestäbchens mit dem Zitronensaft. Zum Anfang wird die Schrift noch leicht sichtbar sein; darum warten Sie, bis das beschriftete Blatt Papier vollständig getrocknet ist. Diesen Vorgang können Sie beschleunigen, indem Sie zum Trocknen einen Fön benutzen. Dann sollte auf dem Papier nichts mehr zu sehen sein (Abbildung 1). Dieses so präparierte Blatt legen Sie neben die brennende Kerze auf die feuerfeste Unterlage.
Halten Sie nun das heimlich beschriftete Papier in die Nähe der Kerzenflamme, wird die aufgetragene Schrift sichtbar (Abbildung 2). Arbeiten Sie vorsichtig, damit das Papier selbst nicht anfängt zu brennen. Es ist also absolute Vorsicht geboten!
Wollen Sie dieses Experiment als Schülerexperiment durchführen, empfiehlt es sich aus Sicherheitsgründen, für jede Experimentiergruppe einen Eimer mit Wasser bereitzuhalten. Sollte sich das Papier entzünden, kann das brennende Blatt Papier sogleich in den Wassereimer geworfen werden.
Anstelle der Kerze können Sie auch Heizplatten oder ein Bügeleisen zur Erwärmung des Papiers verwenden. Diese haben den Vorteil, dass eine größere Fläche des Papiers erhitzt werden kann. Aber auch hier ist Vorsicht geboten, da sich das Papier entzünden kann.

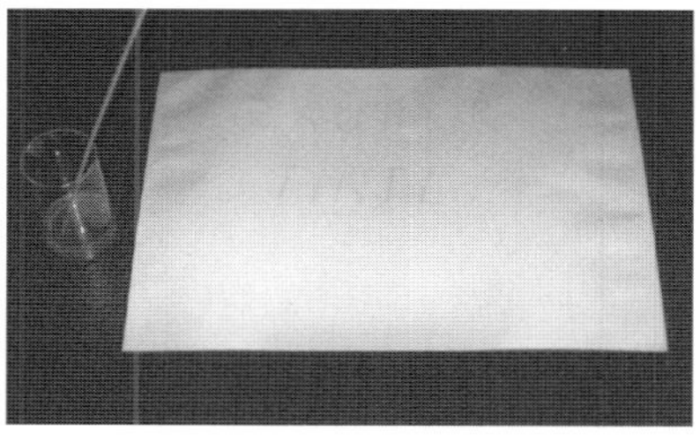

Abbildung 1

Abbildung 2

Erklärung

Zitronensaft enthält Kohlenhydrate (Zucker, Stärke, Cellulose). Diese Verbindungen sind aus C (Kohlenstoff), H (Wasserstoff) und O (Sauerstoff) aufgebaut, wobei die Sauerstoff- und Wasserstoffatome meistens in einem bestimmten Verhältnis (1:2) auftreten. Diese Kohlenhydrate haben die Eigenschaft, bei Erwärmung zu verkohlen. Das heißt, dass durch die Erhitzung Kohlenstoff abgespalten wird, der dann sichtbar ist.
Ein weiteres interessantes, aber nicht ganz ungefährliches Experiment zur Verkohlung von Zucker finden Sie in [15].

Sven Korthaase: Verblüffende Experimente Naturwissenschaften
© Auer Verlag – AAP Lehrerfachverlage GmbH, Donauwörth

Geheimschrift

Aufgabe

Mithilfe dieser Anleitung kannst du eine geheime Botschaft anfertigen.

Du brauchst:

- feuerfeste Unterlage
- 1 Blatt Papier
- Wattestäbchen
- Kerze
- Schüssel mit Wasser

Chemikalien: • Zitronensaft

Durchführung

1. Erstellen der geheimen Botschaft

1.1 Beschrifte das Blatt mithilfe des Wattestäbchens und des Zitronensaftes mit einer geheimen Botschaft oder einem geheimen Zeichen.

1.2 Warte nun einige Minuten, bis der Zitronensaft auf dem Papier vollständig getrocknet ist.

2. Entschlüsseln der geheimen Botschaft

2.1 Stelle die Schüssel mit dem Wasser neben die feuerfeste Unterlage.

2.2 Stelle die Kerze auf die feuerfeste Unterlage und entzünde sie.

2.3 Halte das Papier mit der geheimen Botschaft in die Nähe der Kerzenflamme. **Hier musst du äußerst vorsichtig arbeiten, damit das Papier nicht anfängt zu brennen. Sollte es sich doch entzünden, leg es einfach vorsichtig und nicht hektisch in die Schüssel mit dem Wasser!**

3. Notiere hier deine Beobachtung.

___

___

___

4. Finde eine Erklärung für deine Beobachtung.

___

___

___

___

5. Notiere weitere Rezepte für Geheimtinten. Recherchiere hierzu in Chemiebüchern und im Internet.

___

___

Sven Korthaase: Verblüffende Experimente Naturwissenschaften
© Auer Verlag – AAP Lehrerfachverlage GmbH, Donauwörth

16 Tintenkügelchen

Chemie – Stoffgemische

Einfach

Die Schüler/-innen lernen Flüssigkeiten kennen, die sich nicht mischen lassen, und können das mit der Polarität der Moleküle erklären.

5–10 Minuten

Sie geben einige Tintentropfen in ein mit einer Flüssigkeit gefülltes Glas. Die Tropfen werden in Kugelform auf den Glasboden sinken.

Chemikalien und Hilfsmittel

- Speiseöl
- Tinte
- Becherglas

Durchführung

Stellen Sie sich die oben genannten Hilfsmittel bereit, um mit der Vorführung des Versuches beginnen zu können. Benutzen Sie für den Versuch ein möglichst hohes, aber schmales Glas. So benötigen Sie nicht so viel Öl wie bei einem Glas mit großem Durchmesser, außerdem ist durch eine große Höhe des Glases das Herabsinken der Ölkügelchen länger beobachtbar.
Füllen Sie das Glas möglichst voll mit dem Speiseöl. Es sollte jedoch noch etwas Platz (ca. 1 cm) bis zum Glasrand sein, da ja noch die Tinte eingefüllt wird und diese natürlich auch Raum benötigt. Anschließend geben Sie tropfenweise Tinte auf die Oberfläche des Speiseöls. Die Tintentropfen bilden sich im Öl zu kleinen Kügelchen und sinken auf den Grund des Glases (Abbildung 1).

Abbildung 1

Erklärung

Da die Tinte, die zum Großteil aus Wasser (ρ = 0,998 kg dm^{-3}) [16] und gelösten Farbstoffen besteht, schwerer ist als Speiseöl (ρ = 0,916 kg dm^{-3}) [17], sinkt diese nach unten.
Die Kugelform bildet sich aufgrund der Molekularkräfte aus, damit die Tintenoberfläche bei maximalem Volumen möglichst klein ist.
Tinte und Öl lassen sich nicht mischen. Ursache dafür ist der Aufbau dieser Stoffe. Öl z. B. ist ein sogenannter unpolarer Stoff, d. h., keine Seite eines Ölmoleküls hat eine ausgeprägte Ladung, vielmehr sind diese gleichmäßig über das gesamte Molekül verteilt. Wasser hingegen ist polar, was bedeutet, dass eine Seite des Wassermoleküls, nämlich das Sauerstoffatom, leicht negativ und die andere, die Wasserstoffseite, leicht positiv geladen ist. Nur polare Stoffe können sich mischen. Moleküle unpolarer Stoffe haben keine Möglichkeit, sich an ein Molekül eines polaren Stoffes anzudocken. Mischen können sich also nur polare Stoffe, da hier aufgrund der Polarität elektrische Anziehungskräfte wirken.

Eine Anwendung dieses Vorganges finden Sie bei Spielzeugen. Ähnlich einer Sanduhr rinnt hier eine Flüssigkeit kugelförmig durch eine andere nach unten. Drehen Sie diese „Flüssigkeits-Uhr" um, so beginnt der Vorgang von Neuem (Abbildung 2).

Abbildung 2

Sven Korthaase: Verblüffende Experimente Naturwissenschaften
© Auer Verlag – AAP Lehrerfachverlage GmbH, Donauwörth

Tintenkügelchen

Aufgabe

Mit diesem Versuch kannst du nachweisen, dass sich nicht alle Stoffe mischen lassen.

Du brauchst:

- Becherglas

Chemikalien:
- Speiseöl
- Tinte

Durchführung

1. Fülle das Becherglas mit Öl, bis es etwa bis 1 cm unter dem Rand gefüllt ist.
2. Gib nun tropfenweise Tinte in das mit Öl gefüllte Glas.

Beobachtung

____

____

____

Auswertung

Zur Erklärung dieses Phänomens lies den Lückentext aufmerksam durch und ergänze die fehlenden Wörter*.

Tinte hat eine größere ______________ als Speiseöl und sinkt daher nach unten. Die sinkende Tinte bildet ______________ aus, da die ______________ bei maximalem ______________ möglichst klein sein muss. Verantwortlich dafür sind die ______________.

Tinte und Öl lassen sich ______________ mischen. Mischbar sind nur ______________ Stoffe, und da es sich bei ______________ um einen unpolaren Stoff handelt, ist eine ______________ nicht möglich.

Zusatzaufgabe: Erkläre den Begriff „polarer Stoff".

____

____

____

* Setze folgende Wörter in den Lückentext ein:
Oberfläche – Molekularkräfte – nicht – polare – Mischung – Dichte – Volumen – Öl – Kugeln

Sven Korthaase: Verblüffende Experimente Naturwissenschaften
© Auer Verlag – AAP Lehrerfachverlage GmbH, Donauwörth

17 Die gekippte Streichholzschachtel

Biologie – Mensch – Körperbau	Einfach
Die Schüler/-innen lernen, dass Mann und Frau einen unterschiedlichen Körperbau hinsichtlich der Massenverteilung haben.	Wenige Minuten

In der unten beschriebenen Vorgehensweise wird es nur einer Frau bzw. einem Mädchen gelingen, die Streichholzschachtel umzustoßen, einem Mann oder Jungen nicht.

Geräte und Hilfsmittel

- 1 Streichholzschachtel
- 1 Decke (ca. 2 m × 2 m)

Durchführung

Breiten Sie die Decke auf dem Fußboden aus und bitten Sie eine Versuchperson (Frau oder Mädchen), auf dieser Decke Platz zu nehmen, und zwar so, dass sie auf der Decke kniet (Abbildung 1). Im Abstand einer Unterarmlänge von den Knien entfernt soll Ihre Versuchsperson dann die Streichholzschachtel mit der schmalen Seite nach unten aufstellen (Abbildung 2). Die Aufgabe besteht nun darin, die Streichholzschachtel mit der Stirn zu berühren und umzukippen. Die Hände sollen dabei auf dem Rücken gehalten werden (Abbildung 3).

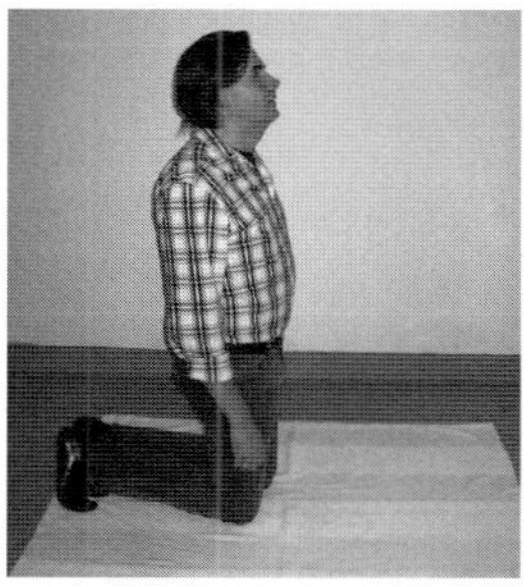
Abbildung 1

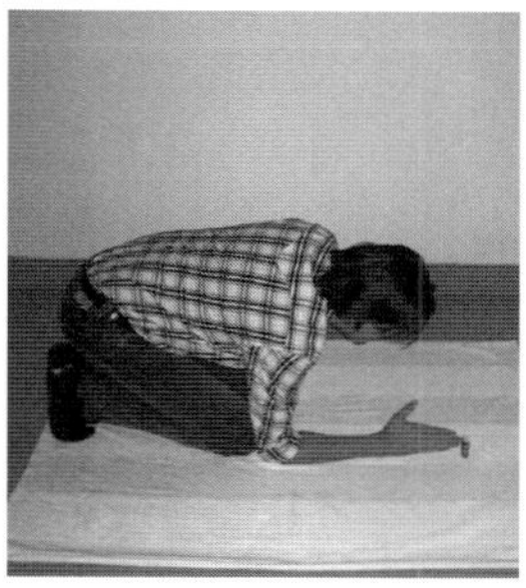
Abbildung 2

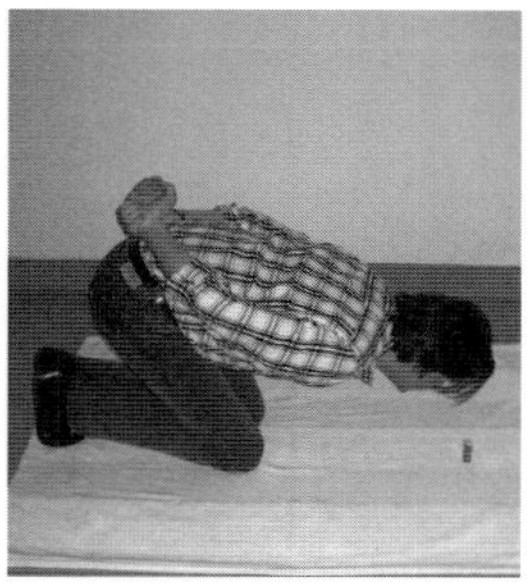
Abbildung 3

Sie werden sehen, dass Ihre Versuchsperson, vorausgesetzt, es handelt sich um eine Frau bzw. ein Mädchen, diese Aufgabe ohne große Mühe bewältigen kann. Bitten Sie nun jedoch eine männliche Person, dieses Kunststück auszuführen, so wird es nicht gelingen.

Erklärung

Die Erklärung für dieses Phänomen ist im unterschiedlichen Körperbau beider Geschlechter zu finden. Hierauf beruht, dass sich bei knienden Personen mit vorgeneigtem Oberkörper der Schwerpunkt an unterschiedlichen Stellen befindet.
Bei Frauen liegt er weiter entfernt vom Kopf als bei Männern. Daher können sich Frauen in der oben beschriebenen Position auch weiter nach vorne neigen, ohne umzukippen; bei Männern geht das nicht.
Die nebenstehende Abbildung 4 und Abbildung 5 zeigen in einer Skizze den Körperbau von oben gesehen mit dem jeweiligen Schwerpunkt (Massenmittelpunkt) (●).

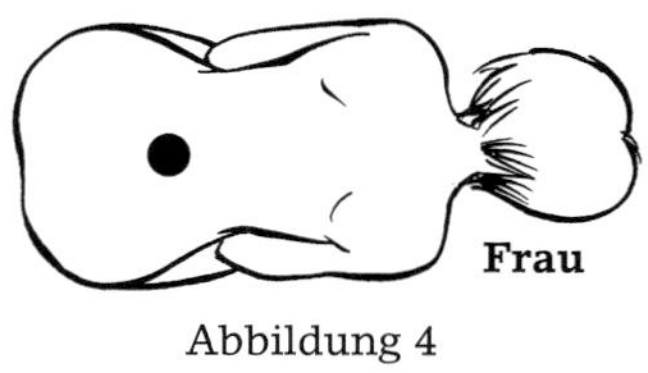

Abbildung 4

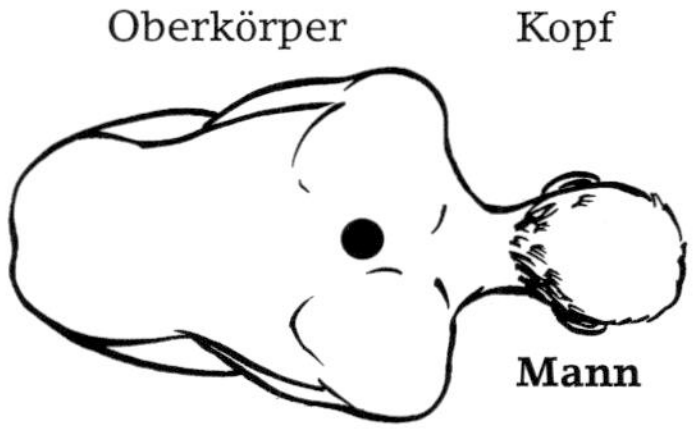

Abbildung 5

Sven Korthaase: Verblüffende Experimente Naturwissenschaften
© Auer Verlag – AAP Lehrerfachverlage GmbH, Donauwörth

Die gekippte Streichholzschachtel

Aufgabe

Dieses tolle Experiment ist gut für eine Wette geeignet,
denn nur „Eingeweihte" kennen die Lösung dieses Problems.

Du brauchst:

- 1 Streichholzschachtel
- 1 kleine Decke

Durchführung

1. Breite die Decke vor dir auf dem Fußboden aus.
2. Knie dich auf die Decke (Abbildung 1) und stell die Streichholzschachtel eine Unterarmlänge von deinen Knien entfernt auf (Abbildung 2).
3. Nimm die Hände dann auf den Rücken und versuche, die Streichholzschachtel in dieser Position mit dem Kopf umzustoßen.
4. Notiere in der Tabelle, welchem deiner Mitschüler und welcher Mitschülerin es gelungen ist, die Streichholzschachtel mit dem Kopf umzustoßen.

Abbildung 1

Experiment gelungen:	Experiment nicht gelungen:

Abbildung 2

Auswertung

Erklärung

Sven Korthaase: Verblüffende Experimente Naturwissenschaften
© Auer Verlag – AAP Lehrerfachverlage GmbH, Donauwörth

18 Oberkörper aufrichten

Biologie – Mensch – Körperbau

Einfach

Die Schüler/-innen sollen erkennen, dass sich der Schwerpunkt des Körpers je nach seiner Lage verändert.

Wenige Minuten

Einer mit dem Kopf an die Wand gelehnten Person ist es nicht möglich, den Oberkörper aufzurichten.

Geräte und Hilfsmittel

- 1 Stuhl oder Barhocker
- 1 Wand

Durchführung

Sie stellen den Stuhl oder den Barhocker etwa 50 cm entfernt von einer Wand des Raumes auf. Dann bitten Sie eine Versuchsperson zu sich. Diese Person soll sich vor den Hocker stellen, sich mit beiden Händen auf den Hocker aufstützen und sich dann mit dem Kopf gegen die Wand stemmen (Abbildung 1). Dann sagen Sie der Versuchsperson, sie soll den Hocker bzw. den Stuhl loslassen und die Arme auf den Rücken legen oder einfach unten baumeln lassen. Den Stuhl bzw. den Barhocker ziehen Sie zur Seite weg (Abbildung 2).
Die Aufgabe der Versuchsperson besteht nun darin, den Oberkörper aufzurichten. Das wird ihr jedoch nicht gelingen.

Ein ähnliches Experiment besteht darin, dass sich eine Versuchsperson gerade auf einen Stuhl setzt und Sie als Vorführender ihren Zeigefinger gegen die Stirn der sitzenden Person halten. Auch diese Person wird nicht aufstehen können.

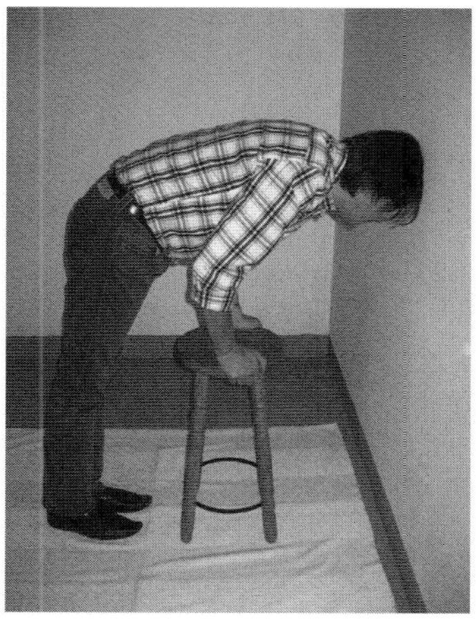

Abbildung 1

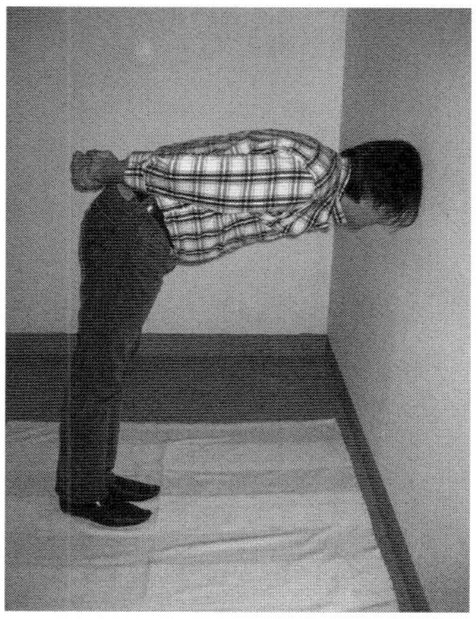

Abbildung 2

Erklärung

Ist der gebeugte Oberkörper der Person in der oben beschriebenen Position mit dem vorgeneigten Oberkörper mit dem Kopf an der Wand, befindet sich der Körperschwerpunkt etwa in Höhe der Schulterblätter. Der Großteil des Körpergewichtes ruht somit auf dem Kopf. So kann sich die Versuchsperson nicht mehr von allein aufrichten. Würde die Gegenkraft der Wand wegfallen, so würde die Versuchsperson unweigerlich noch vorn umkippen. Nur durch den Einsatz einer weiteren Kraft (z.B. Einsatz der Arme oder ein anderer Helfer) wird es der Person möglich sein, sich aufzurichten.

Sven Korthaase: Verblüffende Experimente Naturwissenschaften
© Auer Verlag – AAP Lehrerfachverlag GmbH, Donauwörth

Arbeitsblatt 18

Oberkörper aufrichten

Aufgabe

Hier sind zwei verblüffende Experimente beschrieben, die scheinbar unmöglich erscheinen. Zum einen kannst du eine Person nur mittels deines Zeigefingers daran hindern, aufzustehen, und zum zweiten kannst du eine Person oder dich selber so positionieren, dass es der Person oder dir nicht mehr möglich sein wird, sich aufzurichten.

Du brauchst:

- 1 Stuhl

1. Experiment

Durchführung

1. Stell den Stuhl etwa 50 cm von der Wand des Klassenzimmers entfernt auf.
2. Stütze dich mit beiden Händen auf dem Stuhl ab und stemme deinen Kopf gegen die Wand.
3. Nimm deine Hände dann auf den Rücken und bitte einen Mitschüler, den Stuhl zu entfernen.
4. Versuche nun deinen Oberkörper aufzurichten.

Ergebnis

____

Auswertung

____

____

____

2. Experiment

Durchführung

1. Stell den Stuhl in den Klassenraum und bitte eine(n) deiner Mitschüler/-innen, auf diesem Platz zu nehmen.
2. Achte darauf, dass diese Person mit aufgerichtetem Oberkörper gerade auf dem Stuhl sitzt und die Arme auf dem Rücken hat.
3. Halte deinen ausgestreckten Zeigefinger gegen die Stirn dieser Person.
4. Bitte nun diese Person aufzustehen.

Ergebnis

____

Auswertung

____

____

____

____

Sven Korthaase: Verblüffende Experimente Naturwissenschaften
© Auer Verlag – AAP Lehrerfachverlage GmbH, Donauwörth

19 Der fliegende Arm

Biologie – Mensch – Körperbau – Muskeln

Mittelschwer

Die Schüler/-innen sollen die Funktionsweise der Muskeln kennenlernen.

5 Minuten

Der Arm einer Versuchsperson bewegt sich scheinbar von allein in die Höhe.

Geräte und Hilfsmittel
- Raum mit Türrahmen

Durchführung

Für dieses äußerst verblüffende Experiment benötigen Sie einen ausdauernden Partner, den Sie sich nach Belieben auswählen können. Diese Versuchsperson soll sich in den Türrahmen stellen, und zwar so, dass sie mit dem Gesicht ins Rauminnere zeigt und beide Arme locker nach unten hängen, wobei jedoch ein Arm den Türrahmen leicht berührt.

Die Aufgabe der Versuchsperson besteht nun darin, so lange und so kräftig wie möglich mit dem Arm, der den Türrahmen leicht berührt, gegen den Türrahmen zu drücken (Abbildung 1). Wichtig ist dabei, dass die Versuchsperson wirklich nur mit dem Arm gegen den Türrahmen drückt und nicht etwa mit dem Oberkörper.

Je länger sie das macht, desto besser ist es.

Wenn die Person erschöpft ist und keine Kraft mehr hat, soll sie einfach den Arm, wie vor dem Experiment, locker nach unten baumeln lassen und aus dem Türrahmen heraustreten. Der Arm, der längere Zeit gegen den Türrahmen gedrückt wurde, wird sich von allein nach oben bewegen. Natürlich muss die Versuchsperson nicht unbedingt gegen einen Türrahmen drücken, es geht auch, wenn die Person mit dem Arm gegen eine Wand oder dergleichen drückt.

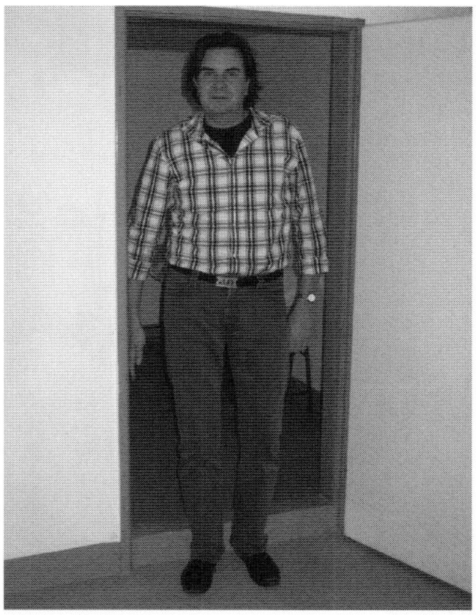

Abbildung 1

Erklärung

Die Bewegung des Menschen oder seiner Körperteile erfolgt durch Muskeln. Das geschieht jedoch nur, wenn die Muskeln sich zusammenziehen, d.h., es gibt immer zwei Muskeln, die zusammen die Bewegung und Gegenbewegung ausüben.

Durch das lange gleichmäßige Drücken der Versuchsperson gegen den Türrahmen wird über einen längeren Zeitraum eine bestimmte Muskelpartie beansprucht. Dieser Muskel versucht sich also zusammenzuziehen, um den Arm nach oben zu bewegen; das wird jedoch durch die Gegenkraft des Türrahmens verhindert.

Die hier über einen längeren Zeitraum beanspruchte Muskelpartie hat sich also an diesen Zustand gewöhnt, und nach dem Verlassen des Rahmens ziehen sich die Muskeln aufgrund der Gewöhnung noch weiter zusammen – der Arm bewegt sich wie von Geisterhand geführt nach oben. Nach einiger Zeit jedoch wird diese Muskelpartie wieder in ihren Ausgangszustand zurückgehen, und der Arm sinkt nach unten.

Sven Korthaase: Verblüffende Experimente Naturwissenschaften
© Auer Verlag – AAP Lehrerfachverlage GmbH, Donauwörth

Der fliegende Arm

Aufgabe

Führst du dieses Experiment durch, hast du scheinbar deinen Arm nicht mehr unter Kontrolle, und er bewegt sich wie von selbst.

Du brauchst:

- Wand oder Türrahmen

Durchführung

1. Stelle dich in den Türrahmen oder neben eine Wand.
2. Dein rechter oder dein linker Arm hängt dabei locker herab und berührt gerade eben den Türrahmen oder die Wand. Die Skizze zeigt dir die Position.
3. Drücke nun kräftig und solange du kannst mit dem gesamten Arm (nicht mit dem gesamten Körper) gegen den Türrahmen oder gegen die Wand.
4. Geh aus dem Türrahmen heraus bzw. von der Wand weg.

Beobachtung

____

____

____

Auswertung

Zur Erklärung dieses Phänomens setze die unten angegebenen Wörter in den Lückentext ein.

Durch das lange ______________ des Armes gegen den Türrahmen wird über einen ______________ Zeitraum eine Muskelpartie beansprucht. Diese Muskelpartie versucht sich ______________zuziehen, um den Arm nach ______________ zu bewegen. Das wird jedoch durch die ______________ des Türrahmens ______________.

Die so beanspruchte ______________ hat sich an diesen Zustand ______________, und nach dem ______________ des Türrahmens ______________ sich daher diese Muskeln weiter zusammen und der ______________ bewegt sich dadurch nach oben.

Nach ______________ Zeit geht diese Muskelpartie wieder in ihren ______________ ______________ zurück und der Arm sinkt nach ______________.

Drücken, Ausgangszustand, zusammen, gewöhnt, längeren, Gegenkraft, unten, kurzer, verhindert, Muskelpartie, Verlassen, Arm, ziehen, oben

Sven Korthaase: Verblüffende Experimente Naturwissenschaften
© Auer Verlag – AAP Lehrerfachverlage GmbH, Donauwörth

20 Der verschwundene Puls

Biologie – Mensch – Blutkreislauf des Menschen	Schwer
Die Schüler-/innen sollen den Blutkreislauf des Menschen kennen und verstehen lernen.	5 Minuten

Dem Vorführenden ist es möglich, auf Kommando seinen eigenen Puls auszuschalten.

Geräte und Hilfsmittel
- Tischtennisball
- Klebeband

Durchführung

Bevor Sie diesen Versuch vorführen, müssen Sie den Tischtennisball mithilfe des Klebebandes unter ihrem Arm in der Achselhöhle locker befestigen. Ist Ihnen das zu aufwendig, reicht es auch aus, wenn Sie den Tischtennisball einfach unter Ihre Achsel klemmen. Dabei sollten Sie nur darauf achten, dass der Ball nicht herausfällt und Ihre Armhaltung nach wie vor locker und nicht verkrampft wirkt. Die Zuschauer dürfen nämlich nichts von dieser Vorbereitung wissen. Sind Sie so vorbereitet, können Sie mit der Vorführung des Experimentes beginnen.
Sie bitten einen Zuschauer nach vorn zu sich und ersuchen ihn, ihren Puls zu messen. Achten Sie dabei darauf, dass Sie dem Zuschauer den Arm reichen, unter dem Sie auch den Tischtennisball versteckt halten. Der Zuschauer soll nun bestätigen, dass er ihren Puls messen kann. Dann erklären Sie dem Zuschauer, dass Sie versuchen wollen, ihren Puls auf Kommando auszuschalten. Ihr Mitspieler soll ein Kommando geben, wann Sie den Puls ausschalten sollen. Gibt er dieses Kommando, pressen Sie den Oberarm kräftig gegen den Tischtennisball in Ihrer Achselhöhle und bitten den Zuschauer dann, den Puls zu fühlen. Er wird jedoch keinen Puls mehr finden können.
Der Zuschauer sollte jedoch nach jedem Versuch Ihren Arm wieder loslassen und erst nach einem neuen Kommando Ihren Arm wieder ergreifen. Hält der Zuschauer die ganze Zeit Ihren Arm, wird er die Muskelbewegungen beim Anpressen des Armes an den Tischtennisball bemerken und eventuell auf das Geheimnis stoßen.

Erklärung

Der Herzschlag, der beim Erwachsenen im Ruhezustand etwa 60–70 Schläge pro Minute ausmacht, wird durch das in den Adern pulsierende Blut weitergegeben und gibt die sogenannte Schlagfrequenz, den Puls, an. Möchte man den Puls am Handgelenk messen, so sucht man die Arterie, die sehr elastische Wandungen besitzt, und kann die Schlagfrequenz des Herzens in Form des fließenden, pulsierenden Blutes dort fühlen.
Drückt man jedoch den Arm gegen den Tischtennisball, so drückt dieser gegen die Arterie im Arm. Dabei wird die Arterie so stark zusammengepresst, dass der Puls für kurze Zeit verschwindet.

Beim Messen des Blutdruckes wird ein ähnlicher Vorgang genutzt. Die den Arm umgebende Manschette wird dermaßen aufgepumpt, dass durch den Druck auf den Oberarm die Arterie so weit zusammengepresst wird, das der Pulsschlag aussetzt. Dadurch kann dann der sogenannte systolische Blutdruck gemessen werden. Wird der Druck der Manschette verringert und der diastolische Druck wieder hörbar bzw. fühlbar, wird dieser gemessen. Die Druckdifferenz beider Messungen ist bei der Beurteilung des Gesundheitszustandes von Bedeutung. [18]

Sven Korthaase: Verblüffende Experimente Naturwissenschaften
© Auer Verlag – AAP Lehrerfachverlage GmbH, Donauwörth

21 Eine Blume ändert ihre Farbe

Biologie – Bau der Pflanzen	Mittelschwer
Die Schüler/-innen erkennen, dass der Spross einer Pflanze Wasser und Nährstoffe leitet.	Mehrere Tage

Eine weiße Rose ändert ihre Farbe und wird bläulich gefärbt.

Geräte und Hilfsmittel

- 1 weiße Rose
- Becherglas mit Wasser (H_2O)
- blaue Tinte

Durchführung

Zur Durchführung dieses Versuches besorgen Sie sich eine weiß blühende Blume, z. B. eine Rose. Achten Sie beim Auswählen der Rose darauf, dass die Blüte noch nicht allzu weit aufgeblüht ist. Diese weiße Rose stellen Sie in ein Glas mit Wasser (Abbildung 1).

Abbildung 1

Abbildung 2

Dann geben Sie blaue Tinte in das Wasser im Glas, sodass sich dieses blau färbt. Lassen Sie die weiße Rose dann in dem blauen Wasser und stellen Sie diese Versuchsanordnung beiseite. Am nächsten Tag werden sich die Blütenblätter der weißen Rose bläulich verfärbt haben.

Erklärung

Der Spross einer Pflanzen und so auch unserer Rose ist in aller Regel immer gleich aufgebaut. So enthält der Spross der Rose sogenanntes Leitgewebe (Gefäße und Siebröhren), das auch in den Blütenblättern der Rose vorhanden ist. Diese Gefäße und Siebröhren in der Rose dienen dem Transport von Wasser, Nährstoffen und weiterer Assimilate. [19]
Steht die Rose im blau eingefärbten Wasser, werden das Wasser und die Tinte über dieses Leitgewebe von der Pflanze aufgenommen, und die blaue Farbe setzt sich in den Blütenblättern fest, sodass diese dann bläulich schimmern.

Sven Korthaase: Verblüffende Experimente Naturwissenschaften
© Auer Verlag – AAP Lehrerfachverlage GmbH, Donauwörth

Arbeitsblatt 21

Eine Blume ändert ihre Farbe

Aufgabe

Beobachte regelmäßig über einige Tage die Farbe der Blütenblätter einer Blume und führe ein Beobachtungsprotokoll.

Du brauchst:

- 1 Blume mit weißer Blüte (z. B. eine weiß blühende Rose)
- 1 kleines Gefäß als Vase (ca. 100 ml)
- 5–6 Tintenpatronen

Durchführung

1. Gib etwas Wasser in die Vase, sodass diese etwa bis zur Hälfte gefüllt ist.
2. Öffne die Tintenpatronen vorsichtig und gib die Tinte mit in die Vase.
3. Stelle die Blume in die Vase.

Beobachtung

1. Tag: ______________________________

2. Tag: ______________________________

3. Tag: ______________________________

4. Tag: ______________________________

5. Tag: ______________________________

Erkläre deine Beobachtung.

Sven Korthaase: Verblüffende Experimente Naturwissenschaften
© Auer Verlag – AAP Lehrerfachverlage GmbH, Donauwörth

22 Nachbildwirkungen

Biologie – Auge

Einfach

Die Schüler/-innen lernen die Funktionsweise des Auges und den Vorgang der Nachbildwirkung kennen.

Wenige Minuten

Eine Person sieht anscheinend auf einem weißen Blatt Papier für kurze Zeit eine Abbildung.

Geräte und Hilfsmittel

- Blatt Papier
- Stift und Lineal

Durchführung

Das Blatt Papier falten Sie einmal in der Mitte, sodass nun zwei gleich große Flächen vorhanden sind. Auf dieses Blatt zeichnen Sie, wie in der unten stehenden Abbildung 1 dargestellt, die abgebildeten Figuren, und zwar die linke grün und die rechte rot.

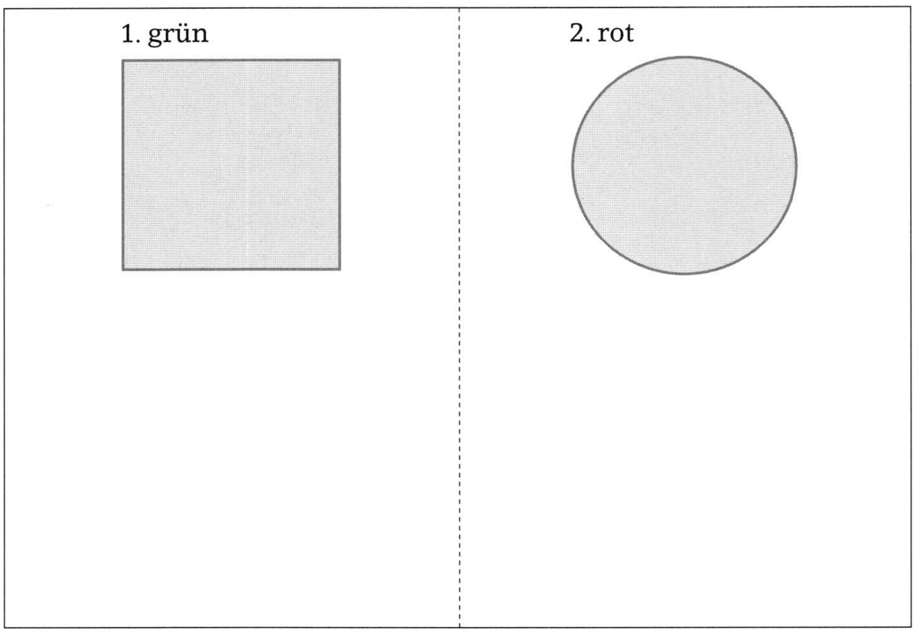

Abbildung 1

Knicken Sie das Blatt dann so, dass Sie jeweils nur eine der Figuren sehen können, entweder das Quadrat oder die Kreise.
Schauen Sie dann etwa 30 Sekunden auf die von Ihnen ausgewählte Figur (z.B. Quadrat) und gleich darauf auf die darunter befindliche weiße Fläche, so werden Sie die Figur hier für kurze Zeit in der Komplementärfarbe wieder sehen.

Erklärung

Dieses Phänomen beruht auf der sogenannten Nachbildwirkung. Jeder Lichtreiz wirkt etwa eine Zehntelsekunde in der Netzhaut nach. Schaut man dann längere Zeit ohne Augenbewegungen auf ein Bild, kommt es zu Ermüdungserscheinungen der Sehzellen. Bei einem Blickwechsel, also in der Erholungsphase des Auges, empfindet dieses nun das Nachbild in der Komplementärfarbe [20].

Sven Korthaase: Verblüffende Experimente Naturwissenschaften
© Auer Verlag – AAP Lehrerfachverlage GmbH, Donauwörth

Arbeitsblatt 22

Nachbildwirkungen

Aufgabe

Mithilfe dieses Versuches kannst du das Phänomen der Nachbildwirkung nachweisen.

Du brauchst:

- 1 roter und 1 grüner Filzstift

Durchführung

1. Zeichne eine der beiden unteren Figuren mit dem grünen Filzstift an und die zweite mit dem roten Filzstift.
   Achte darauf, dass nur die grauen Bereiche der Figur farbig gestaltet werden.
2. Starre etwa 30 Sekunden auf eine der beiden Figuren.
3. Wende deinen Blick danach sofort auf die darunter befindliche weiße Fläche.
4. Wiederhole den Vorgang mit der zweiten Figur.
5. Notiere deine Beobachtung und erkläre sie.

Beobachtung

____

____

Auswertung

____

____

____

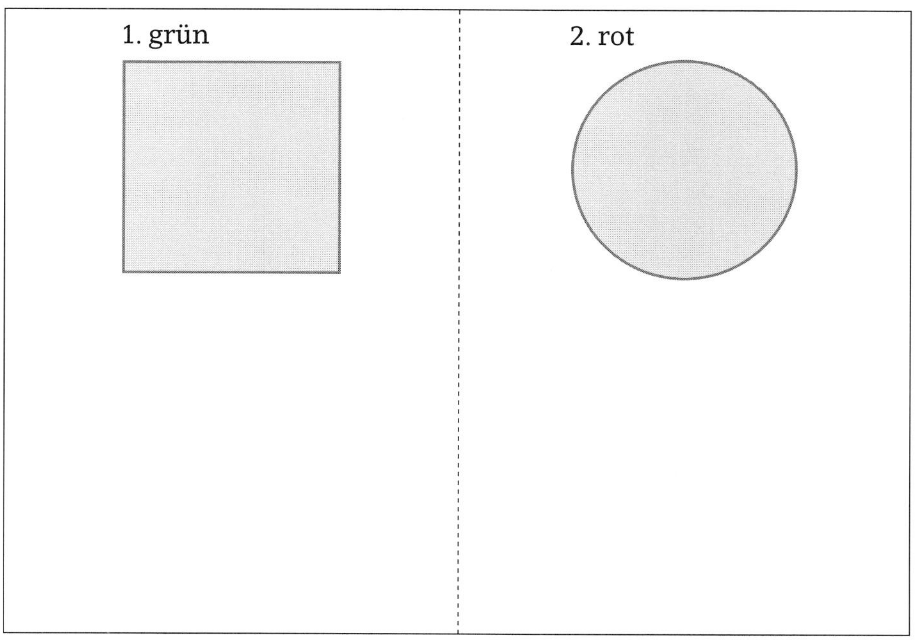

Abbildung 1

Sven Korthaase: Verblüffende Experimente Naturwissenschaften
© Auer Verlag – AAP Lehrerfachverlage GmbH, Donauwörth

23 Der verdoppelte Finger

Biologie – Auge	Mittelschwer
Die Schüler/-innen lernen die Funktionsweise des Auges und den Strahlenverlauf bei der Abbildung kennen.	Wenige Minuten

Obwohl man nur einen Finger der Hand in die Höhe hält, sind zwei Finger zu sehen, er hat sich scheinbar verdoppelt.

Geräte und Hilfsmittel

- Es werden keine weiteren Hilfsmittel benötigt.

Durchführung

Zur Durchführung dieses verblüffenden Experimentes suchen Sie sich einen bequemen Platz und wählen einen Gegenstand aus, der sich im Raum befindet und den Sie gut sehen können. Fixieren Sie den Gegenstand mit den Augen, heben Sie ihren rechten Arm und strecken Sie den Zeigefinger aus. Das muss so geschehen, dass sich Auge, Zeigefinger und fixierter Gegenstand etwa auf einer Linie befinden (Abbildung 1). Dabei sollte der Zeigefinger 30–35 cm von den Augen entfernt sein.

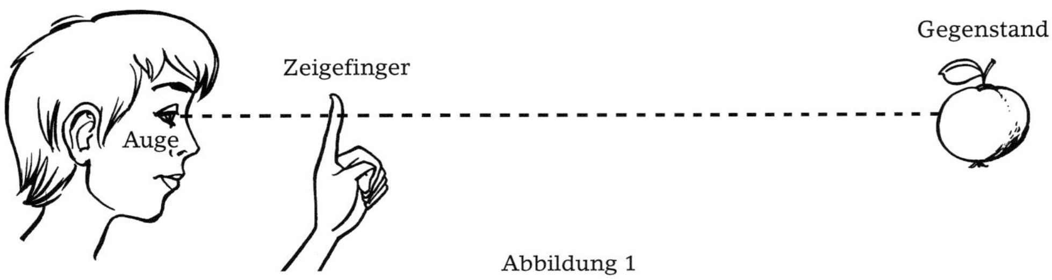

Abbildung 1

Fixieren Sie nun den Gegenstand, so werden Sie ihren Zeigefinger doppelt sehen, wobei sich der Gegenstand zwischen den beiden wahrgenommenen Zeigefingern befindet (Abbildung 2). Sie können auch den Gegenstand doppelt sehen, indem Sie starr auf den Finger blicken.

Abbildung 2

Erklärung

Der lichtempfindlichste Punkt im Auge ist der gelbe Fleck. Entsteht dort die Abbildung, ist das Bild am schärfsten. Die Augenachse verläuft also, um am besten zu sehen, durch die Linse und den gelben Fleck (gF) auf der Netzhaut. Beide Augen stellen sich so ein, dass die Augenachse genau diese Linie einnimmt. Dadurch werden die Bilder der beiden Augen im gelben Fleck abgebildet und das Gehirn nimmt diese als ein Bild wahr.
Befindet sich nun jedoch noch ein weiterer Gegenstand (G2) im Blickfeld, der nicht denselben Abstand wie der fixierte Gegenstand (G1) hat, so verlaufen die Augenachsen nicht mehr zum gelben Fleck (gF). In einem Auge entsteht das Bild von G2 rechts und im anderen Auge links vom gelben Fleck. So werden vom Gehirn zwei Bilder wahrgenommen. Die Abbildung 3 soll Ihnen den Vorgang verdeutlichen.

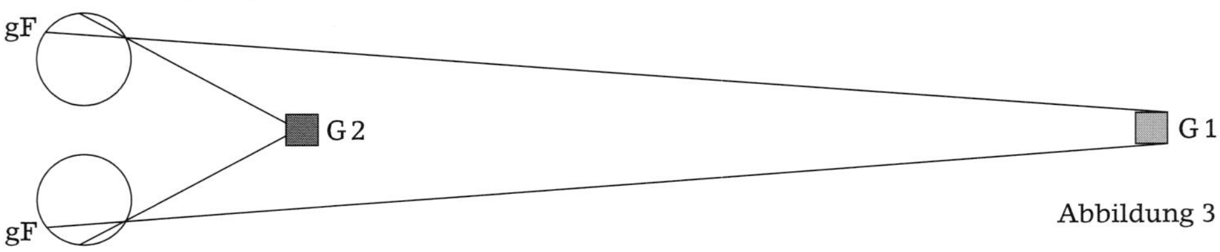

Abbildung 3

Sven Korthaase: Verblüffende Experimente Naturwissenschaften
© Auer Verlag – AAP Lehrerfachverlage GmbH, Donauwörth

Arbeitsblatt 23

Der verdoppelte Finger

Aufgabe

Mithilfe dieser optischen Täuschung ist es dir möglich, deinen Zeigefinger zweifach zu sehen.

Durchführung

1. Fixiere mit deinen Augen einen Gegenstand im Raum, der sich einige Meter von dir entfernt befindet.
2. Halte nun den ausgestreckten Zeigefinger deiner rechten oder linken Hand etwa 30–40 cm entfernt vor deine Augen. Achte dabei darauf, dass du nach wie vor den entfernten Gegenstand im Raum mit deinen Augen fixierst.

Beobachtung

____

____

Auswertung

____

____

____

____

____

____

____

Hier findest du zwei weitere verblüffende optische Täuschungen, die du leicht selbst erzeugen kannst.

1. Strecke die Zeigefinger beider Hände aus.
2. Halte dann die Zeigefinger der beiden Hände etwas 10–15 cm vor deine Augen.

Beobachtung

____

____

____

1. Du benötigst ein Blatt Papier (A 4), das du zu einer Röhre mit einem Durchmesser von etwas 2 cm zusammenrollst.
2. Halte diese Röhre dich an dein rechtes Auge und eine ausgestreckte Hand gegen die Röhre.

Beobachtung

____

____

____

Sven Korthaase: Verblüffende Experimente Naturwissenschaften
© Auer Verlag – AAP Lehrerfachverlage GmbH, Donauwörth

24 Farbig oder schwarz-weiß?

Biologie – Auge – Nervensystem	Einfach
Die Schüler/-innen erkennen, dass es bei der Weiterleitung von Informationen über das Nervensystem zu Fehlinformationen kommen kann.	10–15 Minuten

Ein schwarz-weißer Kreisel wird zum Rotieren gebracht und als farbiger wahrgenommen.

Geräte und Hilfsmittel
- 1 Bleistift
- 1 Pappscheibe (r = 2–3 cm)

Durchführung
Kopieren Sie sich die unten stehende Figur (Abbildung 1), schneiden Sie diese aus und kleben Sie sie dann auf die Pappscheibe. Genau in die Mitte der Pappscheibe mit dem aufgeklebten Muster machen Sie ein kleines Loch. Durch dieses Loch schieben Sie einen kleinen angespitzten Bleistift, sodass Sie einen Kreisel erhalten. Achten Sie beim Bau des Kreisels darauf, dass die Spitze des Bleistiftes auf der Seite des Kreisels ist, auf der sich nicht das aufgeklebte Muster befindet. Wenn der Kreisel rotiert, muss also das Muster oben auf der Pappscheibe zu sehen sein. Das Bild in der Abbildung 2 zeigt Ihnen einen solchen Kreisel.

Abbildung 1

Abbildung 2

Bringen Sie den so hergestellten Kreisel zum Rotieren und betrachten Sie das rotierende Muster. Sie werden feststellen, dass verschiedene Farben auf dem Muster wahrnehmbar sind.

Erklärung
Für das Entstehen der Farbwahrnehmung gibt es verschiedene Erklärungsversuche. Eine mögliche besagt, dass es sich bei der Wahrnehmung über das Auge um eine Fehlleistung des Nervensystems handelt. Im Auge werden die Erregungen durch Rezeptoren auf Nervenzellen übertragen und von diesen wiederum auf weitere Nervenzellen, die dann den Sehnerv bilden. Zwischen den parallel verlaufenden Nervenbahnen bestehen Querverbindungen, welche die Weiterleitung in den einzelnen parallelen Nervenbahnen beeinflussen. Diese Beeinflussung könnte die Ursache für das Weiterleiten von Fehlinformationen sein und somit zur Entstehung der Farbwahrnehmung beitragen.

Erstmals wurde der Kreisel von G. T. Fechner 1838 in Poggendorffs „Annalen der Physik und Chemie", erschienen im Verlag von J. A. Barth in Leipzig, erwähnt. Im Jahre 1894 tauchten erste Exemplare als Spielzeug auf. – Eine Abhandlung zu diesem Kreisel (auch Benham-Scheibe) finden Sie in der Fachliteratur, z.B. in [21].

Sven Korthaase: Verblüffende Experimente Naturwissenschaften
© Auer Verlag – AAP Lehrerfachverlage GmbH, Donauwörth

Arbeitsblatt 24

Farbig oder schwarz-weiß?

Aufgabe

Auf diesem Arbeitsblatt findest du die Bauanleitung für einen verblüffenden Kreisel. Obwohl der Kreisel nur in den Farben Schwarz und Weiß angefertigt wurde, werden bei der Rotation weitere Farben wahrgenommen.

Du brauchst:

- Schere, Klebstoff
- Pappe
- 1 angespitzter Bleistift

Durchführung

1. Schneide den Kreis, der in der Abbildung 1 dargestellt ist, sorgfältig aus.
2. Klebe dieses Bild nun auf ein Stück Pappe und lass den Klebstoff trocknen.
3. Schneide den aufgeklebten Papierkreis mit der Abbildung nun aus der Pappe aus.
4. In die Mitte dieses Pappkreises machst du ein kleines Loch von etwa 3–4 mm Durchmesser.
5. Schiebe den angespitzten Bleistift durch dieses Loch. Die Bleistiftspitze sollte sich dabei etwa 1 cm unter der Pappscheibe befinden.

Die nachstehenden Abbildungen sollen dir deine Arbeit beim Anfertigen des Kreisels erleichtern.

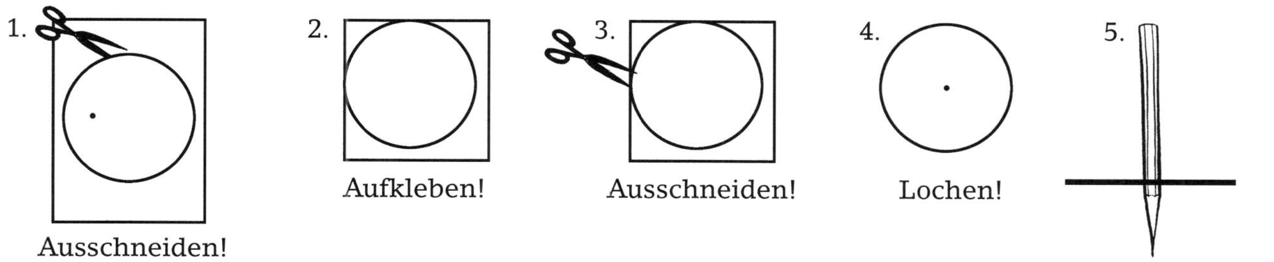

1. Ausschneiden! 2. Aufkleben! 3. Ausschneiden! 4. Lochen! 5. Bleistift einfügen!

Sven Korthaase: Verblüffende Experimente Naturwissenschaften
© Auer Verlag – AAP Lehrerfachverlage GmbH, Donauwörth

Versuchsprotokoll

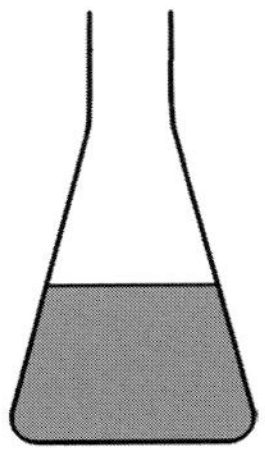

Thema:

Aufgabe:

Geräte:

Chemikalien:

Durchführung:

Beobachtung:

Auswertung:

Name:	Klasse:	Datum:

Sven Korthaase: Verblüffende Experimente Naturwissenschaften
© Auer Verlag – AAP Lehrerfachverlage GmbH, Donauwörth

Arbeitsblatt 2

Der glühende Bleistift

Diesen Versuch kannst du nur im Freien oder unter einem Rauchabzug durchführen!

Aufgabe

Erkläre das Glühen der Bleistiftmine.

Versuchsaufbau

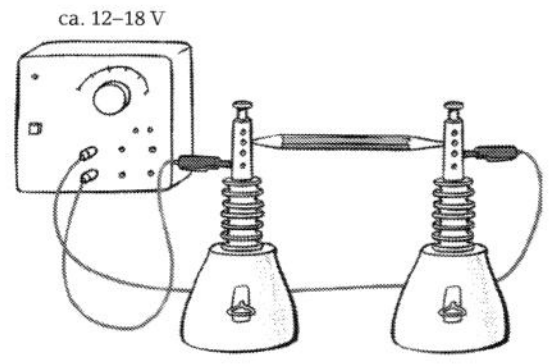

Du brauchst:
- Holzbleistift
- 2 Isolierfüße
- Stativmaterial
- 2 Kabel
- Stromquelle (ca. 12–18 V)

Durchführung

1. Baue die Schaltung mit den gegebenen Geräten und Hilfsmitteln unter einem Rauchabzug auf. Stelle den Versuchsaufbau auf eine feuerfeste Unterlage.
2. Lege etwa 12 V Gleichspannung an die Schaltung an.
3. Beobachte den Versuchsverlauf und notiere deine Beobachtungen.
4. Erkläre das Ergebnis des Versuches.

Beobachtung

Nach einer Weile beginnt der Bleistift zu qualmen. Die Rauchbildung wird immer stärker, bis das Holz des Bleistiftes zu brennen anfängt und abfällt. Die Bleistiftmine glüht zwischen den Jsolierfüßen.

Auswertung

Die Bleistiftmine leitet den elektrischen Strom. Die fließenden Elektronen (elektr. Strom) prallen dabei gegen die Gitterbausteine der Bleistiftmine, die dadurch immer mehr ins Schwingen geraten.
Das bedeutet, dass die Temperatur der Mine mit immer stärkerer Schwingung der Gitterbausteine zunimmt. Die Temperatur der Mine wird so hoch, dass sich das Holz entzündet.

Arbeitsblatt 3

Die Zauberröhre

Aufgabe

Erkläre den zeitlichen Unterschied beim Fallen der beiden Körper.

Du brauchst:
- 1 ca. 50 cm lange Kupfer- oder Aluminiumröhre
- 2 Körper gleicher Masse
- Körper 1 ist kein Magnet
- Körper 2 ist ein Magnet

Durchführung

1. Halte die Röhre senkrecht und lass erst den Körper 1 und anschließend den Körper 2 durch die Röhre fallen.
2. Beobachte den Verlauf des Experimentes und notiere deine Beobachtungen.
3. Erkläre deine Beobachtungen.

Beobachtung

Der Körper 2 (Magnet) fällt wesentlich langsamer durch die Röhre als der erste Körper, der kein Magnet ist.

Auswertung

Der Körper 1 fällt aufgrund der Erdanziehung relativ schnell durch die Röhre. Der zweite Körper ist ein Magnet. Auch dieser Körper bewegt sich aufgrund der Schwerkraft durch die Röhre. Da dieser jedoch ein Magnet ist, umgibt die Metallröhre ein Magnetfeld. Das die Röhre umgebende Magnetfeld ändert sich ständig duch den Fall des Magneten. Dadurch wird in ihr eine Spannung induziert, die Ströme hervorruft. Diese Ströme erzeugen wiederum ein Magnetfeld, das nach dem Lenz'schen Gesetz seiner Ursache entgegenwirkt. Somit wird der Fall des Magneten (Körper 2) behindert.

Zusatzaufgabe: Berechne die Zeit, die der Körper 1 benötigt, um durch die Röhre zu fallen.

Gegeben: $s = 0{,}5\,m$ Lösung: $s = 0{,}5gt^2$

$g = 9{,}81\,m\,s^{-2}$ $t = \sqrt{2sg^{-1}} = \sqrt{2 \cdot 0{,}5\,m / 9{,}81\,m\,s^{-2}}$

Gesucht: t $\underline{t = 0{,}319\,s}$

Antwortsatz: Der Körper fällt in etwa 0,32 s durch das 50 cm lange Rohr.

Arbeitsblatt 5

Schwebender Luftballon

Dein Lehrer zeigt dir einen verblüffenden Versuch mit einem Luftballon.
Erkläre das Schweben des Luftballons im Glasgefäß.

Jm Glasgefäß befindet sich ein Gas, das schwerer ist als der Luftballon (Luft und Gummihülle des Ballons). Dadurch erfährt der Ballon eine Auftriebskraft. Jst diese Auftriebskraft genauso groß wie die Gewichtskraft des Ballons, schwimmt er auf dem bzw. im Gas. Ein solches Gas könnte z.B. Kohlenstoffdioxid sein.

Berechne die Masse des Luftballons unter der Annahme, dass dieser eine Kugel bildet und einen Durchmesser von 15 cm hat. Die Masse des Ballons ohne Luft sei 1 g und die Dichte der Luft 1,293 g dm⁻³.

Geg.: $m_{Ballon} = 1\,g$, $d = 1{,}5\,dm$, $\rho_{Luft} = 1{,}293\,g\,dm^{-3}$

Ges.: m_{Gesamt}

Lös.:
$$m_{Gesamt} = m_{Luft} + m_{Ballon}$$
$$m_{Gesamt} = \rho V + m_{Ballon}$$
$$m_{Gesamt} = \frac{4}{3}\rho\pi r^3 + m_{Ballon}$$
$$m_{Gesamt} = 2{,}2849\,g + 1\,g$$
$$m_{Gesamt} = \underline{3{,}2849\,g}$$

Berechne das Volumen des Kohlenstoffdioxids ($\rho = 1{,}977\,g\,dm^{-3}$), das vom Luftballon verdrängt wird.

Geg.: $m_{Gesamt} = 3{,}2849\,g$, $\rho_{CO_2} = 1{,}977\,g\,dm^{-3}$, $g = 9{,}81\,m\,s^{-2}$

Ges.: V

Lös.:
$$F_A = F_G$$
$$V_{CO_2}\rho_{CO_2} g = m_{Gesamt}\, g$$
$$V_{CO_2}\rho_{CO_2} = m_{Gesamt}$$
$$V_{CO_2} = \frac{m_{Gesamt}}{\rho_{CO_2}}$$
$$V_{CO_2} = \underline{1{,}66\,dm^3}$$

Wie viel Prozent des Luftballonvolumens sind das?

Geg.: $V_{CO_2} = 1{,}66\,dm^3$, $V_{Luftballon} = 4/3\pi r^3 = 1{,}77\,dm^3$

Ges.: %

Lös.:
$$\frac{1{,}66\,dm^3 \cdot 100}{1{,}77\,m^3} = \underline{93{,}78\,\%}$$

Arbeitsblatt 6

Wasser im Glas

Aufgabe

Untersuche das Verhalten einer Flüssigkeit in einem erwärmten Glas.

Versuchsaufbau

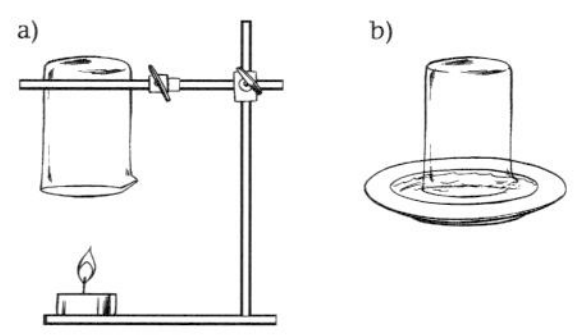

Du brauchst:
- Stativmaterial
- Becherglas
- Teelicht
- Suppenteller

Durchführung

1. Befestige das Becherglas mit der Öffnung nach unten etwa 3 cm über dem Tisch mithilfe des Stativmaterials.
   Die Abbildung a zeigt dir den prinzipiellen Versuchsaufbau.
2. Entzünde das Teelicht und stelle es unter das Becherglas.
3. Während die Luft im Glas erhitzt wird, füllst du den Suppenteller mit Wasser.
   Du kannst das Wasser z. B. mit Tinte oder Lebensmittelfarbe einfärben, um es besser zu beobachten.
4. Nimm das Glas vorsichtig (**ACHTUNG: Das Glas kann heiß sein!**) mit einem Schutzhandschuh aus dem Stativmaterial und stelle es mit der Öffnung nach unten in den mit Wasser gefüllten Suppenteller.
5. Notiere deine Beobachtungen und finde eine Erklärung dafür.

Beobachtung

Nach einigen Minuten steigt das Wasser aus dem Teller in das Glas.

Auswertung

Die Luft im Glas ist durch die Kerzenflamme erhitzt worden. Dadurch hat sich ihre Dichte verringert. Stellt man dieses Glas mit der heißen Luft nun umgekehrt in das Wasser, kühlt die Luft im Jnneren des Glases ab, die Dichte vergrößert sich und somit sinkt der Druck im Glas. Aufgrund der Druckdifferenz (Druck im Glas und außen) wird das Wasser nun in das Glas gedrückt.

Sven Korthaase: Verblüffende Experimente Naturwissenschaften
© Auer Verlag – AAP Lehrerfachverlage GmbH, Donauwörth

Arbeitsblatt 7

Ei in Flasche

Aufgabe

Mit folgenden Materialien kannst du ein verblüffendes Experiment vollführen:

Du brauchst:
- 1 hart gekochtes und gepelltes Ei
- 1 Flasche, z. B. eine Milchflasche (Flaschenöffnung muss etwas kleiner als der Durchmesser des Eies sein)
- Streichholz, feuerfeste Unterlage

Versuchsaufbau

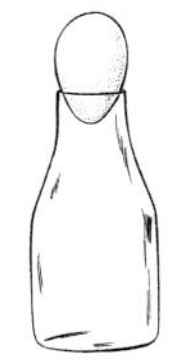

Durchführung

1. Stelle die Flasche auf eine feuerfeste Unterlage.
2. Entzünde ein Streichholz und gib es vorsichtig in die Flasche.
3. Gib das Ei sofort danach auf die Flaschenöffnung (siehe Versuchsaufbau).
4. Notiere deine Beobachtung und erkläre das Ergebnis des Versuches.

Beobachtung

Das Ei gleitet langsam durch die Flaschenöffnung in das Flascheninnere.

Auswertung

Durch das entzündete Streichholz wird die Luft in der Flasche erhitzt und dehnt sich sehr stark aus. Wird das Ei auf die Flaschenöffnung gelegt, erlischt die Flamme aufgrund von Sauerstoffmangel, und die Luft kühlt sich wieder ab. Dadurch zieht sie sich zusammen, und der Druck in der Flasche nimmt ab. Aufgrund der nun herrschenden Druckdifferenz zur Umgebung wird das Ei in die Flasche gedrückt.

Arbeitsblatt 8

Ein verblüffendes Federexperiment

1. Beschreibe den Versuchsaufbau des auf dem Lehrertisch aufgebauten Experimentes und fertige eine Skizze des Versuchsaufbaus an.

Eine Feder hängt an einem Stativstab. An dieser Feder ist eine weitere Feder mit einem kleinen Bindfaden befestigt. Ein weiterer Bindfaden ist am oberen Stativ und am oberen Ende der unteren Feder befestigt. Ein dritter Bindfaden verläuft vom unteren Ende der oberen Feder zu einem Massestück, das an die untere Feder gehängt wird.

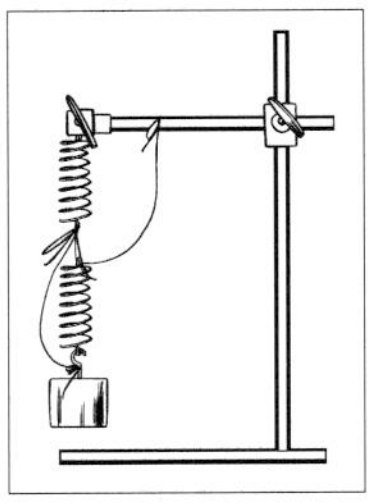

2. Die Schnur, welche die beiden Federn miteinander verbindet, soll zerschnitten werden. Stelle eine Vermutung über den Ausgang des Experimentes auf.

3. Erkläre das Ergebnis des Versuches.

In der Ausgangslage wirkt die Gewichtskraft des Massestückes auf die beiden Federn, und diese dehnen sich aus. Nach dem Durchtrennen der Schnur, welche die beiden Federn zusammenhält, hängen die beiden Bindfäden nicht mehr schlaff herab. Beide Bindfäden tragen nun einen Teil der Gewichtskraft des Massestückes, deshalb dehnen sich die beiden Federn nicht mehr so stark aus.

Arbeitsblatt 11

Die erlöschende Kerze

Aufgabe

Stelle ein Gas her, mit dem du eine Kerze zum Erlöschen bringst, und erkläre das Experiment.

Du brauchst:
- 1 brennende Kerze
- 1 leere Flasche (z. B. eine Mineralwasserflasche)

Chemikalien:
- Essigsäure 5 % ($C_2H_4O_2$)
- Natriumhydrogencarbonat ($NaHCO_3$)

Durchführung

1. Gib etwas von dem Natriumhydrogencarbonat (z. B. eine Packung Backpulver) in die leere Mineralwasserflasche.
2. In die Flasche füllst du nun noch etwa 20–30 ml der 5 %igen Essigsäure.
3. Beobachte die Vorgänge in der Flasche.
4. Entzünde eine Kerze (Teelicht).
5. Führe die Öffnung der Flasche langsam und vorsichtig in Richtung Kerzenflamme und halte sie so, als ob du etwas ausgießen würdest.
Achte jedoch darauf, dass nicht wirklich etwas von dem Säure-Carbonat-Gemisch ausläuft!

Notiere dir hier die Beobachtungen, die du während und am Ende des Experimentes gemacht hast.

Es ist zu beobachten, dass in der Flasche nach dem Hinzugeben der Säure eine heftige Reaktion stattfindet.
Gießt man die Flasche scheinbar aus, erlischt die Kerzenflamme.

Erkläre das Ergebnis des Experimentes.

Treffen Essigsäure und Natriumcarbonat aufeinander, findet eine chemische Reaktion statt. Bei dieser Reaktion entsteht unter anderem das Gas Kohlenstoffdioxid, das schwerer als Luft ist. Hält man die Flasche nun mit der Öffnung in Richtung Flamme, so fließt das gasförmige und unsichtbare Kohlenstoffdioxid aus der Flasche und erstickt die Kerzenflamme, die Luft (Sauerstoff) zum Brennen braucht.

Entwickle die Reaktionsgleichung, bei der das Kohlenstoffdioxid entsteht.

$$C_2H_4O_2 + NaHCO_3 \longrightarrow CO_2 + C_2H_3O_2Na + H_2O$$

Arbeitsblatt 12

Die leuchtende Flüssigkeit

Aufgabe

Hier findest du die Anleitung zur Durchführung eines äußerst verblüffenden Versuches, bei dem eine Flüssigkeit plötzlich anfängt zu leuchten.

Du brauchst:
- 1 Reagenzglas
- 1 Spatel
- Reagenzglasständer

Chemikalien:
- Luminol
- Kupfersulfat
- Perboratgemisch (Natriumperborat, Natriumcarbonat)
- Wasser

Durchführung

1. Fülle Wasser in das Reagenzglas, bis dieses etwa zu drei Viertel gefüllt ist, und stelle es in den Reagenzglasständer.
2. Gib mithilfe des Spatels etwas Luminol in das mit Wasser gefüllte Reagenzglas. Dein Lehrer gibt dir die richtige Menge des zu verwendenden Luminols.
3. Anschließend gib ungefähr die gleiche geringe Menge des Perboratgemisches in das Reagenzglas.
4. Schütte das Reagenzglas vorsichtig und rühre mit dem Spatel die Lösung um.
5. Gib einige kleine Kristalle (4–6) des Kupfersulfats in die bereitstehende Lösung und schütte wieder vorsichtig.
6. Beobachte nun die so hergestellte Lösung – möglichst in einem verdunkelten Raum.

Notiere hier deine Beobachtung.

Die im Reagenzglas befindliche Flüssigkeit leuchtet in einem leicht bläulichem Licht.

Auswertung

Bei dieser chemischen Reaktion wird die frei werdende Energie in Form von Licht abgegeben. Das geschieht dadurch, dass die Elektronen die frei werdende Energie aufnehmen und ein höheres Energieniveau erhalten. Kehren die Elektronen in ihren Grundzustand zurück, wird diese überschüssige Energie in Form von Licht abgegeben.

Zusatzaufgabe: Finde durch Recherche in Fachbüchern, im Internet usw. die chemischen Formeln der an der Reaktion beteiligten Chemikalien.

1. Luminol: $C_8H_7N_3O_2$
2. Kupfersulfat: $CuSO_4$
3. Natriumperborat: $NaBO_3$
4. Natriumcarbonat: Na_2CO_3

Sven Korthaase: Verblüffende Experimente Naturwissenschaften
© Auer Verlag – AAP Lehrerfachverlage GmbH, Donauwörth

Arbeitsblatt 13

Das Zauberpulver

Aufgabe

Mit diesem „Pulver“ kannst du einige tolle Experimente durchführen, die hier beschrieben sind.

1. Die trockene Hand

Du brauchst:

- pneumatische Wanne

Chemikalien:
- Wasser
- Zauberpulver (Lycopodium)

Durchführung

1. Fülle die pneumatische Wanne mit Wasser.
2. Streue gleichmäßig über die Wasseroberfläche etwas Lycopodium.
3. Tauche vorsichtig deine Hand senkrecht von oben in das Wasser und ziehe sie wieder heraus.
4. Notiere deine Beobachtung und erkläre sie.

Beobachtung und Erklärung

Das Pulver haftet an der Hand, und sie bleibt trocken. Ursache ist die hydrophobe Eigenschaft des Lycopodiums, das sehr ölhaltig ist.

2. Feuerblitz

Du brauchst:

- Kerze mit Kerzenständer
- feuerfeste Unterlage
- 1 Spatel

Chemikalien:
- Zauberpulver (Lycopodium)

Achte bei der Durchführung dieses Experimentes darauf, dass keine brennbaren Stoffe in der Nähe der Kerze sind!
Arbeite genau nach der Anleitung, damit niemand verletzt wird und nichts in Brand gerät!

1. Stelle die entzündete Kerze auf die feuerfeste Unterlage.
2. Achte darauf, dass sich keine Person oder etwas Brennbares in der Nähe der Kerzenflamme befindet.
3. Nimm eine Spatelspitze voll Zauberpulver und streue es in die Kerzenflamme.
4. Notiere deine Beobachtung und finde eine Erklärung.

Beobachtung und Erklärung

Das Pulver verbrennt zischend mit großer Flamme. Ursache dafür ist der sehr hohe Zerteilungsgrad des Lycopodiums. Das sehr feine Lycopodium besitzt damit eine sehr große Oberfläche und verbrennt deshalb sehr gut.

Zusatzaufgabe: Finde durch eine geeignete Recherche mehr über das „Zauberpulver“ heraus.

Es handelt sich um Sporen des Bärlapp, die aus den Ähren gewonnen werden.

Arbeitsblatt 14

Das Zauberfläschchen

Aufgabe

Führe den Versuch nach der angegebenen Anleitung durch und erkläre das plötzliche Aufsteigen des Speiseöls.

Du brauchst:

- 1 kleines Fläschchen
- pneumatische Wanne

Chemikalien:
- Wasser
- Speiseöl
- Seifenlauge

Durchführung

1. Fülle die pneumatische Wanne fast randvoll mit Wasser.
2. Fülle das kleine Fläschchen randvoll mit Speiseöl und stelle es vorsichtig in die mit Wasser gefüllte pneumatische Wanne.
3. Gib einige Tropfen der Seifenlauge[1] in das Wasser.

Beobachtung

Nachdem die Seifenlauge in das Wasser gegeben wurde, lief das Speiseöl aus der kleinen Flasche durch das Wasser in der pneumatischen Wanne und sammelte sich auf der Wasseroberfläche.

Auswertung

Öl besitzt eine geringere Dichte als Wasser und schwimmt daher auf der Wasseroberfläche. Da das kleine Fläschchen jedoch einen sehr engen Flaschenhals hat, kann das Öl aufgrund der Grenzflächenspannung nicht aus dem Fläschchen austreten. Durch die Hinzugabe der Seifenlauge wird diese Grenzflächenspannung so weit herabgesetzt, dass das Öl durch die enge Fläschchenöffnung auslaufen kann.

[1] Die Seifenlauge kannst du dir aus Spülmittel und etwas Wasser herstellen.

Arbeitsblatt 15

Geheimschrift

Aufgabe

Mithilfe dieser Anleitung kannst du eine geheime Botschaft anfertigen.

Du brauchst:

- feuerfeste Unterlage
- 1 Blatt Papier
- Wattestäbchen
- Kerze
- Schüssel mit Wasser

Chemikalien:
- Zitronensaft

Durchführung

1. Erstellen der geheimen Botschaft
   1.1 Beschrifte das Blatt mithilfe des Wattestäbchens und des Zitronensaftes mit einer geheimen Botschaft oder einem geheimen Zeichen.
   1.2 Warte nun einige Minuten, bis der Zitronensaft auf dem Papier vollständig getrocknet ist.
2. Entschlüsseln der geheimen Botschaft
   2.1 Stelle die Schüssel mit dem Wasser neben die feuerfeste Unterlage.
   2.2 Stelle die Kerze auf die feuerfeste Unterlage und entzünde sie.
   2.3 Halte das Papier mit der geheimen Botschaft in die Nähe der Kerzenflamme.
   Hier musst du äußerst vorsichtig arbeiten, damit das Papier nicht anfängt zu brennen. Sollte es sich doch entzünden, leg es einfach vorsichtig und nicht hektisch in die Schüssel mit dem Wasser!
3. Notiere hier deine Beobachtung.

Kommt das Papier in die Nähe der Kerzenflamme, so wird das Papier an einigen Stellen braun und offenbart die geheime Botschaft.

4. Finde eine Erklärung für deine Beobachtung.

Die geheime Botschaft wurde mit Zitronensaft geschrieben. Dieser enthält Kohlenhydrate, wie Zucker, Stärke und Cellulose, die bei Erwärmung verkohlen. Das heißt, dass bei Erhitzung Kohlenstoff abgespalten wird, der dann sichtbar ist.

5. Notiere weitere Rezepte für Geheimtinten. Recherchiere hierzu in Chemiebüchern und im Internet.

Arbeitsblatt 16

Tintenkügelchen

Aufgabe

Mit diesem Versuch kannst du nachweisen, dass sich nicht alle Stoffe mischen lassen.

Du brauchst:

- Becherglas

Chemikalien:
- Speiseöl
- Tinte

Durchführung

1. Fülle das Becherglas mit Öl, bis es etwa bis 1 cm unter dem Rand gefüllt ist.
2. Gib nun tropfenweise Tinte in das mit Öl gefüllte Glas.

Beobachtung

Die Tinte gleitet tropfenförmig durch das Speiseöl und sinkt nach unten. Sie vermischt sich nicht mit dem Speiseöl.

Auswertung

Zur Erklärung dieses Phänomens lies den Lückentext aufmerksam durch und ergänze die fehlenden Wörter*.

Tinte hat eine größere Dichte als Speiseöl und sinkt daher nach unten. Die sinkende Tinte bildet Kugeln aus, da die Oberfläche bei maximalem Volumen möglichst klein sein muss. Verantwortlich dafür sind die Molekularkräfte.

Tinte und Öl lassen sich nicht mischen. Mischbar sind nur polare Stoffe, und da es sich bei Öl um einen unpolaren Stoff handelt, ist eine Mischung nicht möglich.

Zusatzaufgabe: Erkläre den Begriff „polarer Stoff“.

Bei polaren Stoffen kommt es innerhalb der Atome bzw. Moleküle zur Ladungsverschiebung. Sie bilden einen elektrischen Dipol.

* Setze folgende Wörter in den Lückentext ein:
Oberfläche – Molekularkräfte – nicht – polare – Mischung – Dichte – Volumen – Öl – Kugeln

Sven Korthaase: Verblüffende Experimente Naturwissenschaften
© Auer Verlag – AAP Lehrerfachverlage GmbH, Donauwörth

Arbeitsblatt 17

Die gekippte Streichholzschachtel

Aufgabe

Dieses tolle Experiment ist gut für eine Wette geeignet, denn nur „Eingeweihte" kennen die Lösung dieses Problems.

Du brauchst:

- 1 Streichholzschachtel
- 1 kleine Decke

Durchführung

1. Breite die Decke vor dir auf dem Fußboden aus.
2. Knie dich auf die Decke (Abbildung 1) und stell die Streichholzschachtel eine Unterarmlänge von deinen Knien entfernt auf (Abbildung 2).
3. Nimm die Hände dann auf den Rücken und versuche, die Streichholzschachtel in dieser Position mit dem Kopf umzustoßen.
4. Notiere in der Tabelle, welchem deiner Mitschüler und welcher Mitschülerin es gelungen ist, die Streichholzschachtel mit dem Kopf umzustoßen.

Abbildung 1

Abbildung 2

Experiment gelungen:	Experiment nicht gelungen:
Hendrikje	Rainer
Yvonne	Tilo
Martina	Torsten
Christina	Sven
Christine	Armin
Maren	Peter
Katrin	Jens
Edith	Uwe
Lisa	Yannic
Anna	Willi

Auswertung

Das Experiment ist nur den Mädchen aus unserer Klasse gelungen.

Erklärung

Ursache hierfür ist der unterschiedliche Körperbau von Jungen und Mädchen. Die Massenverteilung ist bei Mädchen und Jungen unterschiedlich. Bei den Jungen befindet sich der Schwerpunkt (Massenmittelpunkt) weiter im Oberkörper als bei den Mädchen. Daher kippen die Jungen in dieser Position schneller nach vorne über.

Arbeitsblatt 18

Oberkörper aufrichten

Aufgabe

Hier sind zwei verblüffende Experimente beschrieben, die scheinbar unmöglich erscheinen. Zum einen kannst du eine Person nur mittels deines Zeigefingers daran hindern, aufzustehen, und zum zweiten kannst du eine Person oder dich selber so positionieren, dass es der Person oder dir nicht mehr möglich sein wird, sich aufzurichten.

Du brauchst:

- 1 Stuhl

1. Experiment

Durchführung

1. Stell den Stuhl etwa 50 cm von der Wand des Klassenzimmers entfernt auf.
2. Stütze dich mit beiden Händen auf dem Stuhl ab und stemme deinen Kopf gegen die Wand.
3. Nimm deine Hände dann auf den Rücken und bitte einen Mitschüler, den Stuhl zu entfernen.
4. Versuche nun deinen Oberkörper aufzurichten.

Ergebnis

Die Person steht mit dem Kopf an der Wand und kann sich nicht aufrichten.

Auswertung

Jst die Person mit vorgeneigtem Oberkörper mit dem Kopf an der Wand, so befindet sich der Körperschwerpunkt etwa auf Höhe der Schultern. Somit ist es nicht möglich, sich aufzurichten.

2. Experiment

Durchführung

1. Stell den Stuhl in den Klassenraum und bitte eine(n) deiner Mitschüler/-innen, auf diesem Platz zu nehmen.
2. Achte darauf, dass diese Person mit aufgerichtetem Oberkörper gerade auf dem Stuhl sitzt und die Arme auf dem Rücken hat.
3. Halte deinen ausgestreckten Zeigefinger gegen die Stirn dieser Person.
4. Bitte nun diese Person aufzustehen.

Ergebnis

Die Person kann mit dem Zeigefinger vor der Stirn nicht aufstehen.

Auswertung

Beim Aufstehen muss der Schwerpunkt des Körpers nach vorne verlagert werden. Da der Zeigefinger das Vorkippen des Körpers und somit die Verlagerung des Körperschwerpunktes behindert, ist ein Aufstehen nicht möglich.

Arbeitsblatt 19

Der fliegende Arm

Aufgabe

Führst du dieses Experiment durch, hast du scheinbar deinen Arm nicht mehr unter Kontrolle, und er bewegt sich wie von selbst.

Du brauchst:

- Wand oder Türrahmen

Durchführung

1. Stelle dich in den Türrahmen oder neben eine Wand.
2. Dein rechter oder dein linker Arm hängt dabei locker herab und berührt gerade eben den Türrahmen oder die Wand. Die Skizze zeigt dir die Position.
3. Drücke nun kräftig und solange du kannst mit dem gesamten Arm (nicht mit dem gesamten Körper) gegen den Türrahmen oder gegen die Wand.
4. Geh aus dem Türrahmen heraus bzw. von der Wand weg.

Beobachtung

Nach dem Verlassen des Türrahmens bewegt sich der Arm von ganz allein nach oben.

Auswertung

Zur Erklärung dieses Phänomens setze die unten angegebenen Wörter in den Lückentext ein.

Durch das lange Drücken des Armes gegen den Türrahmen wird über einen längeren Zeitraum eine Muskelpartie beansprucht. Diese Muskelpartie versucht sich zusammenzuziehen, um den Arm nach oben zu bewegen. Das wird jedoch durch die Gegenkraft des Türrahmens verhindert. Die so beanspruchte Muskelpartie hat sich an diesen Zustand gewöhnt, und nach dem Verlassen des Türrahmens ziehen sich daher diese Muskeln weiter zusammen und der Arm bewegt sich dadurch nach oben. Nach kurzer Zeit geht diese Muskelpartie wieder in ihren Ausgangs-zustand zurück und der Arm sinkt nach unten.

Drücken, Ausgangszustand, zusammen, gewöhnt, längeren, Gegenkraft, unten, kurzer, verhindert, Muskelpartie, Verlassen, Arm, ziehen, oben

Arbeitsblatt 21

Eine Blume ändert ihre Farbe

Aufgabe

Beobachte regelmäßig über einige Tage die Farbe der Blütenblätter einer Blume und führe ein Beobachtungsprotokoll.

Du brauchst:

- 1 Blume mit weißer Blüte (z.B. eine weiß blühende Rose)
- 1 kleines Gefäß als Vase (ca. 100 ml)
- 5–6 Tintenpatronen

Durchführung

1. Gib etwas Wasser in die Vase, sodass diese etwa bis zur Hälfte gefüllt ist.
2. Öffne die Tintenpatronen vorsichtig und gib die Tinte mit in die Vase.
3. Stelle die Blume in die Vase.

Beobachtung

1. Tag: Es ist kaum eine Veränderung der Blütenblätter erkennbar.
2. Tag: Die Blüte weist erste, ganz leichte farbliche Veränderungen auf.
3. Tag: Die Verfärbung der Blüte nimmt weiter zu.
4. Tag: Die Blüte hat sich relativ stark zum Bläulichen hin verfärbt.
5. Tag: Die Verfärbung der Blüte hat kaum noch zugenommen.

Erkläre deine Beobachtung.

Jm Spross der Blume befinden sich das Leitgewebe, die Gefäße und die Siebröhren. Diese gibt es auch in den Blütenblättern. Diese Gefäße und Siebröhren dienen dem Transport von Wasser und Nährstoffen. Da die Blume in blau gefärbtem Wasser steht, wird dieses blaue Wasser über das Leitgewebe im Spross bis in die Blütenblätter transportiert. Dort setzt sich die blaue Farbe in den Blüten fest.

Sven Korthaase: Verblüffende Experimente Naturwissenschaften
© Auer Verlag – AAP Lehrerfachverlage GmbH, Donauwörth

Arbeitsblatt 22

Nachbildwirkungen

Aufgabe

Mithilfe dieses Versuches kannst du das Phänomen der Nachbildwirkung nachweisen.

Du brauchst:

- 1 roter und 1 grüner Filzstift

Durchführung

1. Zeichne eine der beiden unteren Figuren mit dem grünen Filzstift an und die zweite mit dem roten Filzstift.
   Achte darauf, dass nur die grauen Bereiche der Figur farbig gestaltet werden.
2. Starre etwa 30 Sekunden auf eine der beiden Figuren.
3. Wende deinen Blick danach sofort auf die darunter befindliche weiße Fläche.
4. Wiederhole den Vorgang mit der zweiten Figur.
5. Notiere deine Beobachtung und erkläre sie.

Beobachtung

Die Figur wird im unteren Teil der Abbildung in der Komplementärfarbe wahrgenommen.

Auswertung

Starrt man längere Zeit auf die dargestellte Figur, ermüden die Sehzellen. Ändert sich der Blick, erholen sich die Sehzellen, und es wird das Nachbild der Figur in der Komplementärfarbe wahrgenommen.

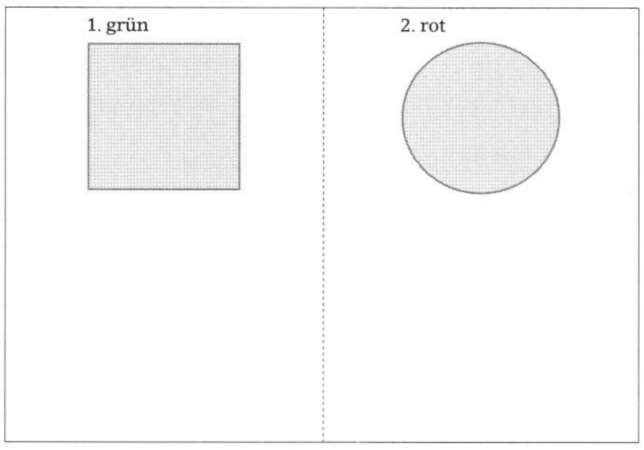

Abbildung 1

Arbeitsblatt 23

Der verdoppelte Finger

Aufgabe

Mithilfe dieser optischen Täuschung ist es dir möglich, deinen Zeigefinger zweifach zu sehen.

Durchführung

1. Fixiere mit deinen Augen einen Gegenstand im Raum, der sich einige Meter von dir entfernt befindet.
2. Halte nun den ausgestreckten Zeigefinger deiner rechten oder linken Hand etwa 30–40 cm entfernt vor deine Augen. Achte dabei darauf, dass du nach wie vor den entfernten Gegenstand im Raum mit deinen Augen fixierst.

Beobachtung

Der Finger ist doppelt zu sehen und der fixierte Gegenstand wird zwischen den Zeigefingern wahrgenommen.

Auswertung

Im Auge befindet sich der gelbe Fleck. Dort entstehen die schärfsten Abbildungen. Um am besten sehen zu können, verläuft das Licht durch die Linsen beider Augen zum gelben Fleck auf der Netzhaut.
Befindet sich nun ein weiterer Gegenstand im Blickfeld des Betrachters, der nicht den gleichen Abstand wie das fixierte Bild hat, so verläuft das Licht von diesem Gegenstand zwar durch die Linse, jedoch nicht mehr zum gelben Fleck. So werden vom Gehirn zwei Bilder wahrgenommen.

Hier findest du zwei weitere verblüffende optische Täuschungen, die du leicht selbst erzeugen kannst.

1. Strecke die Zeigefinger beider Hände aus.
2. Halte dann die Zeigefinger der beiden Hände etwas 10–15 cm vor deine Augen.

Beobachtung

Es sind drei Zeigefinger, die sich nebeneinander befinden, zu sehen.

1. Du benötigst ein Blatt Papier (A 4), das du zu einer Röhre mit einem Durchmesser von etwas 2 cm zusammenrollst.
2. Halte diese Röhre dich an dein rechtes Auge und eine ausgestreckte Hand gegen die Röhre.

Beobachtung

Anscheinend befindet sich ein Loch in der Handfläche, durch das man hindurchsehen kann.

Sven Korthaase: Verblüffende Experimente Naturwissenschaften
© Auer Verlag – AAP Lehrerfachverlage GmbH, Donauwörth

Ammoniak
(wässrige Lösung: Salmiakgeist, Ammoniakwasser) NH_3
- farbloses, stechend riechendes Gas
- in Wasser gelöst bezeichnet man es als Salmiakgeist, Ammoniakwasser oder Ammoniumhydroxid (NH_4OH)

Sicherheits- und Gefahrenhinweise:
R 10-23-34-50; S (1/2)-9-16-26-36/37/39-45-61
Gefahrensymbole: Gas: T, N; Lösung: C, N

Essigsäure
(Acetylsäure, Eisessig, Ethansäure, Methancarbonsäure) CH_3COOH
- farblose, ätzend wirkende und nach Essig riechende Flüssigkeit, im festen Zustand Eisessig genannt

Sicherheits- und Gefahrenhinweise:
R 10-35, S (1/2)-23-26-45
Gefahrensymbol: C

Kupfersulfat
(alt: Kupfervitriol) $CuSO_4$
- weißes bis graues Pulver, Hydrate sind blaue bis türkisfarbene Kristalle

Sicherheits- und Gefahrenhinweise:
R 22-36/38-50/53, S (2)-22-60, 61
Gefahrensymbole: Xn, N

Luminol
(Aminophtalsäurehydrazid) $C_8H_7N_3O_2$
- gelblich bis grünlich schimmernder, kristalliner Feststoff

Sicherheits- und Gefahrenhinweise:
R 22-36/37/38, S 26-37/39
Gefahrensymbol: Xn

Lycopodium
(Bärlappsamen, Bärlappsporen, Hexenmehl)
- feines, hellgelbes Pulver

Sicherheits- und Gefahrenhinweise: R 11, S 16
Gefahrensymbol: F

Natriumcarbonat
(kohlensaures Natrium, Soda, E500) Na_2CO_3
- weißes, kristallines Pulver

Sicherheits- und Gefahrenhinweise: R 36, S 22-26
Gefahrensymbol: Xi

Natriumhydrogencarbonat
(Natriumbicarbonat, Natron, Bullrichsalz, enthalten in Backpulver) $NaHCO_3$
- weißes Pulver

Sicherheits- und Gefahrenhinweise: keine
Gefahrensymbole: keine

Natriumperborat $NaBO_3$
- weißes, kristallines, geruchloses Pulver

Sicherheits- und Gefahrenhinweise:
R 8-22-36/38, S 17-24/25-26-36/37-60
Gefahrensymbole: Xn, O

[1] Meyers Kleines Lexikon, Zweiter Band. Bibliographisches Institut, Leipzig, 1967

[2] Physik in Übersichten. Volk und Wissen Verlag, Berlin, 1986

[3] Knerr, Richard: Lexikon der Physik. Bertelsmann Lexikon Verlag, Gütersloh / München, 2000

[4] Ucke, Christian; Becker, Jürgen: „ Der aufwärtsrollende Doppelkegel" in: Physik in unserer Zeit, Heft 4, 1997, S. 161–163

[5] Umwelt Physik-Gesamtband. Klett, Stuttgart, 1983, S. 60

[6] Korthaase, Sven: Physik spielend lernen – Physikalische Zaubertricks. Klett, Stuttgart, Düsseldorf, Leipzig, 2000, S. 25

[7] Krafft, Fritz: Lexikon großer Naturwissenschaftler. Fourier Verlag, Wiesbaden, 2004, S. 20 ff.

[8] Simmons, John: Who is Who der Wissenschaften. Bettendorf'sche Verlagsanstalt, München, Essen, Ebene Reichenau, 1997

[9] Hamburger Abendblatt 24.02.1979

[10] Rosee, Theodor A.: Kartentricks. Falken Verlag, Niedernhausen, 1993, S. 25

[11] Pogue, David: Zaubern für Dummies. mitp Verlag, Bonn, 2003, S. 208 ff.

[12] Zmeck, Jochen: Handbuch der Magie. Henschelverlag Kunst und Gesellschaft, Berlin, 1984, S. 84 ff.

[13] Conatex – Chemolumineszenz. Conatex-Didactic Lehrmittel GmbH, Neunkirchen, S. 4; www.conatex.com

[14] Schoedler, Friedrich: Das Buch der Natur. Vieweg, Braunschweig, 1864, S. 262

[15] Korthaase, Sven: Wunderbare Experimente für den Chemieunterricht. Auer Verlag, Donauwörth, 2008, S. 65 ff.

[16] Golm, Werner; Martin, Karlheinz; Sommer, Klaus: Wissensspeicher Formeln, Werte. Verlag Volk und Wissen, Berlin, 1982, S. 115

[17] Tschubik, I. A.; Maslow, A. M.: Wärmephysikalische Konstanten von Lebensmitteln und Halbfabrikaten. Fachbuchverlag, Leipzig, 1973

[18] Lange; Strauß; Dobers: Biologie 3. Schroedel Schulbuchverlag, Hannover, 1971, S. 131

[19] Wissensspeicher Biologie. Verlag Volk und Wissen, Berlin, 1979, S. 154 ff.

[20] Recknagel, Alfred: Physik – Optik. Verlag Technik, Berlin,1990, S. 25 ff.

[21] Campenhausen, Christoph: „Über die Farben der Benham'schen Scheibe" in: Zeitschrift für vergleichende Physiologie, 60, 1968, S. 351–374

Quellennachweis

1. Versuch – Die glühende Gurke
Nick; Parchmann; Demuth: Chemisches Feuerwerk. Aulis Verlag Deubner, Köln, 2001, S. 157 ff.

3. Versuch – Die Zauberröhre
Korthaase: Das Fallrohr, in: Zauberkunst 2/1996, S. 97 ff.; Verlag Zauberkunst, Dresden, 1996

4. Versuch – Die geneigte Ebene
Ucke; Becker: Der aufwärtsrollende Doppelkegel, in: Physik in unserer Zeit 28 (1997) Heft 4, S. 161–163

6. Versuch – Wasser im Glas
Bublath: Verblüffende Experimente aus der Naturwissenschaft. Falken Verlag, Niedernhausen, 1996, S. 57 ff.

7. Versuch – Ei in Flasche
Korthaase: Der Physiklehrer als Zauberer, in: Klett Magazin Nr. 16, II/2001, S. 14 ff; Klett, Stuttgart, 2001

8. Versuch – Ein verblüffendes Federexperiment
Walker: Der fliegende Zirkus der Physik. Oldenbourg Wissenschaftsverlag, München, 2008, S. 74

9. Versuch – Mehlstaubexplosion
Kratz: Blutwunder von Neapel. Aol-Verlag, Lichtenau, 2005, S. 109

10. Versuch – Eine wunderbare Kartenvorhersage
Roesky; Möckel: Chemische Kabinettstücke. VCH Verlagsgesellschaft, Weinheim, 1996, S. 97

12. Versuch – Die leuchtende Flüssigkeit
The Cool Blue Light Experiment Kit. Universe of Science. Moravian Falls, NC 28654, 1996

14. Versuch – Das Zauberfläschchen
Umwelt Chemie. Ernst Klett Schulbuchverlag, Stuttgart, Düsseldorf, Berlin, Leipzig, 1996, S. 255

18. Versuch – Oberkörper aufrichten
Kolumbuseier – Eine Sammlung unterhaltender und belehrender physikalischer Spielereien. Union Deutsche Verlagsgesellschaft, Stuttgart, Berlin, Leipzig, o. J., S. 27

22. Versuch – Nachbildwirkungen
Lanners: Illusionen. Verlag Bucher, Luzern, Frankfurt/M., 1973, S. 61;
Lange; Strauß; Dobers: Biologie 3. Schroedel Schulbuchverlag, Hannover, 1971, S. 140 ff.

23. Versuch – Der verdoppelte Finger
Schäffer: Natur Paradoxe. Teubner, Leipzig, Berlin, 1908, S. 150 ff.

24. Versuch – Farbig oder schwarz-weiß?
Willmann's Illustrierte Magische Bibliothek Band 3 – Magische Gesellschaftsspiele, Teil I. Verlag von Alfred Hahn, Leipzig, 1900, S. 70 ff.

Fotos

Alle Fotos: Sven Korthaase – Pinneberg